Dagm

La alimentación de tu bebé

Una alimentación sana durante el primer año.

Recetas y consejos para madres jóvenes.

Editorial Everest, S. A.

MADRID • LEON • BARCELONA • SEVILLA • GRANADA • VALENCIA
ZARAGOZA • LAS PALMAS DE GRAN CANARIA • LA CORUÑA
PALMA DE MALLORCA • ALICANTE – MEXICO • BUENOS AIRES

Cubierta 1:
La combinación de patata y huevo proporciona una mezcla especialmente rica en proteínas, justamente lo que el bebé necesita para su crecimiento.
Receta página 40: Huevo al nido.

Cubierta 2:
A pesar de ciertos prejuicios, lo cierto es que a muchos niños les encantan las espinacas, tan ricas en hierro, magnesio, vitamina C y ácido fólico (vitamina B_9). Receta página 42.

Cubierta 3:
Un sabroso dulce siempre gusta: Este pudin de arroz no requiere azúcar y resulta delicoso por su suave sabor a plátano. Receta página 54.

Fotos color: L'Eveque Harry Bischof.
Foto cubierta: Fotostudio Teubner.
Grabados: Berlind Bruhn.

Título original: Was Babys schmeckt und gut bekommt.
Traducción: Mª. del Carmen Vega Álvarez

PRIMERA EDICIÓN, primera reimpresión, 1993

© Gräfe und Unzer GmbH, Munich.
EDITORIAL EVEREST, S. A.
Carretera León-La Coruña, km 5 - LEÓN
ISBN: 84-241-2289-5
Depósito legal: LE. 779-1990
Printed in Spain - Impreso en España
EDITORIAL EVERGRÁFICAS, S. A.
Carretera León-La Coruña, km 5
LEÓN (España)

Dagmer Freifrau von Cramm
Después de licenciarse en Ecotropía desarrolló en la práctica como redactora de una gran revista de cocina de Munich sus amplios conocimientos teóricos sobre alimentación.
Desde 1980 se dedica al periodismo especializado en temas culinarios y de nutrición. Actualmente tiene dos hijos pequeños que han intensificado su interés por todo lo relacionado con la alimentación infantil, sana y moderna, tanto en la teoría como en la práctica.
Desde 1986 es colaboradora permanente de la revista *Eltern* (padres) y ha creado ya multitud de recetas especiales para embarazadas, para bebés y niños pequeños y para el menú cotidiano familiar.

En este libro encontrará

A manera de prólogo 5

El recién nacido tiene que acabar su desarrollo 6
La alimentación correcta es vital 6
Productos industriales, ¿sí o no? 7
Así debe ser una alimentación sana durante el primer año 8
Tabla: Esquema alimentario para el primer año 8
El bebé sano necesita energías 9
Tabla: El peso durante el primer año 9

Composición de la nutrición 10
Hidratos de carbono: lactosa, cereales, verdura y fruta 10
Grasas: Mantequilla y aceite de semillas 10
Proteínas: Productos lácteos, huevos, carne, patatas y cereales 11
Tabla: La combinación óptima de los alimentos eleva su «valor biológico» 12
Los líquidos 12
Las vitaminas 12
Las sales minerales 14
Tabla: Aporte diario aconsejable de vitaminas, minerales y elementos vestigiales en el período de lactancia 15

Aprender a comer es importante 16
¡Pecho sí, biberón no...! 16
Cuando el apetito aumenta por la noche... 19
El problema de la cuchara 19
El bebé se niega a comer 20
¿Cuándo debe durar la lactancia? 21
Mi hijo es demasiado gordo 21

Pequeños comensales, grandes problemas 22
Lo que puede irritarle 22
Preferencias y manías 22
Las dichosas golosinas 23
¿Y la alimentación vegetariana? 23
Residuos en la leche materna 23
El nitrato: Efectos y valores límite 24
Los aditivos 24
La contaminación radiactiva 25
Cuando el bebé devuelve 25
El estreñimiento 26

La diarrea es peligrosa 26
Cuando le duele la tripita 27
La fiebre quita el apetito 27
Las alergias 28
Celiaquia 28
La esterilización 29

La cocina sana para el bebé 30
Cómo reducir las sustancias nocivas 30
El mejor método de cocción 31
El condimento adecuado 31
La consistencia o textura de la comida 31

Cómo ahorrar tiempo y dinero 32
Los alimentos conservados como reserva 32
La cocina combinada 32
Lo nutritivo no tiene por qué ser caro 32

La alimentación hasta el cuarto mes 33
Lo ideal es la leche materna 33
¿Qué tipo de leche es mejor? 34
La leche preparada en casa 34
La primera leche adaptada 37
Tipos de cereales, azúcar y leche 37
Nada de dietas crudas 38
Lo que el bebé necesita 38
Alimentación regulada o a discreción 38
Cuando la leche materna es insuficiente 39
El eructo 39

La alimentación desde el cuarto al octavo mes 40
Lo que el bebé tolera a esta edad 40
Almuerzo: Verduras 40
La primera papilla de verduras 41
Huevo al nido 41
Papilla suave de espinacas 42
Flan de espinacas con crema de leche 42
Puré suave de patata con tomates frescos 43
Puré de hinojo 43
Cena: Papilla de leche 44
La primera papilla de leche entera para el biberón 44
Papilla de arroz con zumo de frambuesa para el biberón 47
Papilla de sémola con uvas para tomar con cuchara 47
Biscotes con leche y puré de zanahoria 48

En este libro encontrará

Papilla de avena con manzana 48
Papilla integral 48
Merienda: Papilla de cereales con fruta 48
Papilla rápida de cereales y fruta 49
Papilla de 7 cereales con mandarinas 50
Papilla de plátano 50
Papilla de melocotón sin hervir 51
Arroz con cerezas 51
Entre horas: Zumo y frutas 51

La alimentación desde el octavo mes hasta cumplir un año 52
El paso siguiente: sentarse a la mesa 52
Es hora de empezar a masticar 52
Platos a base de verdura 53
Colinabo con patatas 53
Patatas y coliflor a la crema 53
Zanahorias con miel y puré de patata 53
Puré con hojitas de coles de Bruselas 54
Arroz con zanahorias y carne de gallina 54
Postres dulces a base de leche 54
Papilla de müsli para tomar con cuchara 55
Pudin de arroz 55
Papilla de chocolate y sémola 55
Copos mixtos 56
Cortaditos de sémola 56
Postre 56
Pudin de zanahoria y naranja 56
Compota de uvas 57
Crema de plátano y naranja 57
Yogur con frutas 58
Nata con fresas 58
Cómo adaptar para el niño el menú de los adultos 58
Pavo con calabacines 58
Patatas con requesón 59
Gulash con pasta y ensalada — Lechuga con pasta y carne 59
Sopa de fideos 60
Verdura y arroz con hígado 60
Filetes de pollo con Risi-Risi 61
Para comer con los dedos 61
Ranitas de espinacas 62
Calabacines rellenos 62
Rollitos de puerro 65
Canapés de plátano 65
Canapés de fresas 66

Canapés de rabanitos 66
Canapés de aguacate y tomate 66

Platos conservados de reserva 67
Puré para un mes 67
Carne para el puré del mediodía 68
Verduras de primavera 68
Puré de fresas y plátanos 69
Puré de hígado 69

Bebidas 70
Zumo de zanahoria 70
Zumo suave de uva 70
Té estomacal 70
Té tranquilizante 70

Índice de recetas e índice de materias 71

A manera de prólogo

Por fin su bebé ha nacido. Durante los primeros días en la clínica usted ha estado atendida y ha sido aconsejada, pudiendo dedicar toda su atención a su hijo, sintiéndose segura y protegida. No obstante, su ilusión es volver a casa cuanto antes, pues será entonces cuando dará comienzo la verdadera vida familiar con el recién nacido. Seguramente su marido la podrá cuidar durante las primeras semanas cuando tenga que ocuparse de nuevo de la casa y decidir además, por sí misma, cuándo y cómo deberá alimentar a su hijo y qué es lo mejor para él. Se acabaron los días en que podía acostarse y dormir plácidamente. Mientras pueda seguir amamantando a su bebé, posiblemente no surgirá ningún problema. Pero, ¿y si no es así? ¿Y qué pasará en los meses siguientes? Pronto llegará el día en que deberá dar a su hijo la primera papilla, su primer «potito». Los fabricantes de estas comidas preparadas para niños no siempre informan debidamente sobre su contenido ni suelen proporcionar a las madres los consejos que necesitan sobre la crianza en general. Por eso, lo acertado es mantener el contacto con el pediatra y seguir sus instrucciones.

Este libro, por lo tanto, no pretende interferir entre él y usted. Lo único que pretende es orientarle de una manera general respecto al desarrollo de su bebé y su comportamiento alimentario en los tres grandes períodos de su vida: los cuatro primeros meses, del cuarto al octavo mes y del octavo hasta cumplir el año. Para cada uno de estos períodos encontrará en este libro sencillas recetas básicas con diferentes variantes. Todas ellas incluyen información sobre lo que va bien al bebé según su edad y lo que no debe darle demasiado pronto. Excelentes fotografías en color, dibujos ilustrativos y numerosos consejos le facilitarán la tarea de criar a su hijo del mejor modo: cómo preparar, paso a paso, su primer biberón o su primera papilla; cómo reducir al máximo los posibles residuos nocivos contenidos en los alimentos: qué puede perjudicar su salud. También encontrará en las páginas de este libro lo que necesita saber sobre el destete, la fiebre, la falta de apetito, etc. Y cómo podrá ahorrar tiempo y dinero preparando para varios días la dieta de su bebé.

Espero que este libro le ayude a adaptarse a su nueva situación y que junto con las instrucciones de su pediatra todo le resulte más fácil para proporcionar a su bebé la alimentación que necesita, la más sabrosa y sana y la que más le guste.

Dagmar v. Cramm

El recién nacido tiene que acabar su desarrollo

Cuando el niño nace, no sólo parece pequeño externamente y desvalido sino que sus funciones aún no han alcanzado el grado necesario de desarrollo.
Esto vale de modo especial para el sistema digestivo:
- Todavía no posee todas las encimas que regulan el metabolismo de las sustancias nutrientes en el estómago y el intestino. Así, por ejemplo, carece aún de los fermentos disgregantes de las proteínas del páncreas y de la mucosa intestinal. Su actividad no se desarrolla hasta después de transcurrido el primer año. En consecuencia, la producción de ácido gástrico es insuficiente, por lo que las bacterias y los agentes patógenos aún pueden multiplicarse con relativa facilidad.
- Las células de la mucosa intestinal todavía son receptivas incluso para grandes moléculas.
- El riñón aún no ha alcanzado el pleno rendimiento y junto con los productos metabólicos expulsa todavía mucho líquido y sólo puede eliminar hasta cierto punto los productos de desecho del metabolismo.
- El hígado tampoco ha alcanzado el grado de madurez total y su capacidad de respuesta.

En resumen: El recién nacido aún no está en condiciones de elaborar una dieta media normal. En el seno materno el feto se alimentaba casi exclusivamente de la madre a través de la circulación sanguínea. Su estómago y su intestino apenas intervenían. El feto lo único que hacía es tragar y digerir ciertas cantidades de placenta.

En el curso de unos pocos días, después del parto, el aparato digestivo del bebé impone ya sus exigencias. La naturaleza sale al paso solícitamente con la secreción de la leche materna, débil a principio, que el lactante toma el primer día en cantidades no superiores a los 10 ó 20 g en cada toma. Sólo a partir del tercer día la leche materna fluye generosamente y la cantidad ingerida por el bebé aumenta con rapidez.

Una alimentación correcta es vital

Mientras siga amamantándole, no tiene por qué preocuparse por las necesidades de su hijo. Su leche se corresponde plenamente con sus necesidades y se va adaptando por sí sola a su desarrollo corporal. Pero en la actualidad son muchas las madres que tienen problemas para amamantar a su bebé viéndose obligadas a recurrir al biberón parcial o totalmente. Por otra parte, al cabo del cuarto mes, o como máximo a partir del sexto, la leche materna, como única fuente de alimentación, es insuficiente, por lo cual se va imponiendo paulatinamente la alimentación adicional, hasta que, una vez cumplido el primer año, comienza ya a «sentarse» a la mesa con los adultos apenas aparecen sus primeros dientes. Sin embargo, su régimen alimenticio no tiene nada que ver con el del resto de la familia y de no adecuarlo correctamente a sus necesidades concretas durante esos primeros meses, las consecuencias para el bebé pueden ser graves:
- Su organismo infantil puede verse recargado.
- Sus defensas pueden reducirse.
- Su mucosa intestinal puede sufrir daños y sentar las bases de futuros trastornos digestivos, tal vez para toda su vida.
- Puede producirle alergias.
- Su crecimiento sano puede ser puesto en peligro.
- El desarrollo del cerebro puede verse perjudicado y sufrir daños.

Todo esto puede evitarse si tenemos en cuenta las necesidades del bebé. En primer lugar, lo importante es seguir los consejos y prescripciones del pediatra. El sólo podrá aconsejarle debidamente en cada caso. Pero si bajo su vigilancia usted actúa siempre con conocimiento de causa, todo le resultará más fácil y más comprensible y, en definitiva, quien saldrá beneficiado es su propio hijo.

El recién nacido tiene que acabar su desarrollo

Productos industriales, ¿sí o no?

Ninguna madre moderna podría prescindir de la variadísima oferta de productos industriales para la alimentación infantil. Tanto la leche adaptada como la de soja constituyen, sin duda, una valiosísima aportación que, en muchos casos puede ser vital para los bebés.
La dieta láctea, junto con productos alimenticios complementarios son otra de las alternativas importantes. En los casos en que lamentablemente se ha producido una contaminación radiactiva, su uso ha salvado la vida de millares de niños; en los viajes ofrecen la ventaja de no depender en absoluto de las condiciones ecológicas de los diferentes entornos. Sin embargo, una alimentación solamente a base de productos industriales puede ten también sus desventajas cuando se prolonga demasiado.

- Resulta cara.
- Contiene demasiadas vitaminas hidrosolubles.
- Posee escasas grasas de alto valor nutritivo.
- Acostumbra al niño a un sabor único.
- Contiene, en parte, demasiado azúcar.
- Puede producir alergias a causa de su gran variedad de ingredientes.

En cambio, si opta sólo por el biberón, usted misma podrá elegir los productos carentes de azúcar y sal y a base de unos pocos ingredientes. Menos recomendables son las papillas instantáneas. Contienen pocos frutos y en cambio abunda en ellos el azúcar. Por otra parte, tampoco suponen un menor trabajo, ya que lo mismo da batir unos polvos que preparar una papilla con biscottes y plátano aplastado. Lo que sí es interesante es la oferta de copos integrales de cereales especiales para bebés. Por eso los hemos incluido en varias de nuestras recetas. Se pueden adquirir en establecimientos dietéticos y, en las grandes ciudades, incluso en departamentos especiales de grandes almacenes o supermercados. Pero cuidado: preparar uno mismo lo que vamos a dar a nuestro bebé requiere el máximo esmero y atenerse exactamente a nuestras instrucciones. Sólo así tendrá la seguridad de que lo que le ofrece es lo mejor para su salud y su desarrollo.
En todo caso, siempre hemos de dar preferencia a los productos naturales frescos. Al niño le gustarán si le acostumbra desde el principio, estimularán su apetito y su paladar se irá adaptando a sabores diversos. No olvide tampoco, que los productos naturales contienen y conservan las sustancias nutritivas suficientes si los prepara adecuadamente. Por otra parte en caso de producirse una alergia, al conocer usted perfectamente todos y cada uno de los alimentos, le resultará mucho más fácil detectar cuál puede ser el causante. La alimentación del bebé concebida de este modo desde los primeros meses será la mejor base para una dieta posterior en el curso de su crecimiento.

El recién nacido tiene que acabar su desarrollo

Así debe ser una alimentación sana durante el primer año

En los capítulos siguientes encontrará usted información detallada respecto a las diferentes fases de alimentación. Pues la dieta varía considerablemente durante el segundo mes, el sexto y el décimo. El rápido desarrollo de su bebé exige de la madre una adaptación casi ininterrumpida. De ahí que se hayan establecido diferentes tablas esquemáticas conforme a las más recientes investigacioines realizadas por diversos institutos de nutrición. La que ofrecemos a continuación ha sido elaborada por el Instituto de investigaciones científicas de alimentación infantil (Forschungs-institut für Kindernährung) de la ciudad alemana de Dortmund: En los primeros cuatro meses, la leche materna —exclusivamente— es el alimento ideal para el bebé; como alternativa podemos recurrir a los productos de fabricación industrial de reconocida calidad, adaptados a la leche materna, las llamadas en España leches «maternizadas», o bien alimentar a nuestro bebé con leche de vaca como sucedáneo, debidamente modificada, conforme a su capacidad digestiva, según las especificaciones del puericultor. De todas formas conviene advertir desde un principio que son muchos los niños que no toleran esta leche, por lo que, siempre según lo que el médico prescriba, será preciso recurrir a otros tipos de leche. En todo caso, las diferentes clases de leche para criar al bebé (esterilizada, en polvo, condensada) suelen permitir, de un modo u otro, acertar con la más adecuada en cada caso. A partir del cuarto mes, las tomas a base de leche deben acompañarse con una alimentación complementaria, ya que las sustancias alimenticias que proporciona la leche resultan insuficientes. Al mismo tiempo el comienzo de la toma de alimentos semisólidos y sólidos, permite al niño el correcto desarrollo de su aparato digestivo y de su paladar. Al mismo tiempo despertará en él el moderado placer de comer y la sensación normal de hambre y saciedad debidamente regulada. Podemos comenzar con algún zumo de fruta y pasar luego a algún tipo de puré de verduras, caldo con proteínas animales, pollo, ternera, novillo, pescado blanco. En cuanto a la fruta, conviene acostumbrarle al plátano y la manzana, no sólo

Esquema alimentario para el primer año

a las 6:00 h	Papilla de leche entera, o leche de sustitución, o leche adaptada/semiadaptada											a las 8:00 h
a las 10:00 h					Papilla de patata y verdura + carne/proteína + grasa				postre: mousse de fruta			a las 12:00 h
a las 14:00 h	leche materna o prep. lact. adaptado/semiadap.					Papilla de copos de cereales y fruta grasa (sin leche)						a las 16:00 h
a las 18:00 h a las 22: h					Papilla de leche entera y cereal + zumo de fruta							a las 12:00 h
Meses	1	2	3	4	5	6	7	8	9	10	11	12	Meses
Cantidad		600 g		800 g		900 g					1000 g		Cantidad
Desarrollo del peso		3,5 kg		6 kg		7,5 kg		8,5 kg		10 kg			Desarrollo del peso

Fuente: Forschungsinstitut für Kinderernährung, Dortmund/R.F.A.

El recién nacido tiene que acabar su desarrollo

porque son de todo tiempo sino porque las otras pueden provocar diarreas y procesos alérgicos. Pero en todo caso, deberá usted seguir siempre las recomendaciones de su pediatra. Como advertencia final: no caiga jamás en ningún extremo, ni en el vegetarianismo ni en la dieta integral. Su bebé no es ningún conejillo de Indias. Dele simplemente lo que mejor le siente de cuanto el pediatra le recomiende.

El bebé sano necesita energías

La mejor señal de desarrollo correcto de su bebé es su aumento de peso, que, por cierto, es extraordinaria la rapidez con la que se produce. En los primeros seis meses deberá haber duplicado su peso inicial y al final del primer año deberá pesar tres veces más de lo que pesaba al nacer. A la vista de las curvas reproducidas al margen usted misma puede controla si el aumento de peso de su hijo sigue el curso normal. Los valores en cada caso deben estar comprendidos dentro del sombreado.
Este enorme proceso de crecimiento requiere obviamente un aporte energético elevado, es decir, un alto grado de calorías. El recién nacido necesita diaraimente de 110 a 120 calorías por cada kilo de peso. Esto quiere decir que si su bebé pesa 4 kg necesitará entre 440 y 480 calorías. Este acelerado consumo energético relativo desciende con la edad.

Curvas de evolución del peso durante el primer año

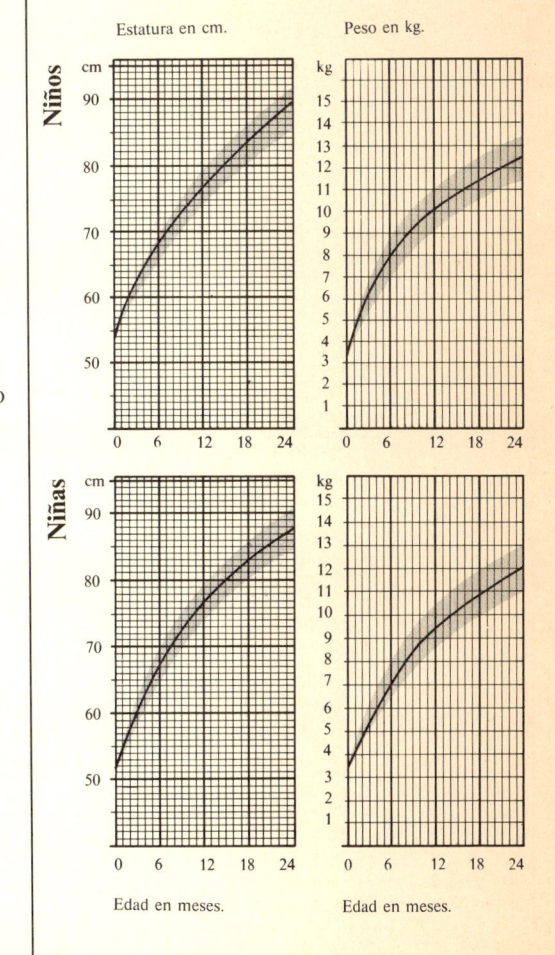

Composición de la nutrición

Las proteínas, los hidratos de carbono y las grasas son los pilares de nuestra alimentación, responsables del aporte de calorías al organismo, por lo que la proporción equilibrada de los mismos en la dieta infantil es de importancia decisiva. La producción óptima y, por lo tanto, el alimento ideal para el bebé es la leche materna.

Hidratos de carbono: lactosa, cereales, verdura y fruta

El 40% de las calorías que necesita el bebé debe aportarse en forma de hidratos de carbono. Este porcentaje cumple exactamente con la lactosa contenida en la leche materna. En los productos lácteos industriales y en la leche preparada, los hidratos de carbono pueden ser de origen distinto: de otros azúcares o de harinas de almidón o fécula. A medida que el niño va creciendo, el porcentaje debe elevarse hasta un 45 ó 50%. La verdura, la fruta, las patatas y todo tipo de cereales proporcionan en cantidad suficiente los hidratos necesarios al mismo tiempo que aportan otras importantes sustancias tales como sales minerales, vitaminas y fibras o sustancias tales como sales minerales, vitaminas y fibras o sustancias de lastre.

Mientras que al comienzo del primer año deben incluirse el azúcar y la fécula comestible conforme a lo que se indica en las recetas, hacia el final puede prescindirse de tales productos, puesto que en este período de desarrollo del niño lo estrictamente «puro» es contraproducente. El niño necesita vitaminas, sales minerales y fibras aportadas a su organismo en forma más compacta a base de verduras, patatas, fruta y cereales integrales que, por otra parte, sacian más que el simple azúcar, la harina blanca o la fécula. La ingestión de estos productos debe repartirse progresivamente a lo largo de un cierto período, con lo que la sensación de hambre del bebé se irá adaptando poco a poco hasta quedar saciado. Recuerde además que durante este período se inicia la dentición y que el azúcar puede ser perjudicial para el desarrollo de los dientes. Uno de los síntomas más graves es la aparición de caries en los incisivos que incluso puede aparecer cuando el bebé toma en exceso cualquier tipo de bebida azucarada. La miel, que tanto se suele recomendar como sustituto del azúcar, produce los mismos resultados perniciosos en la flora bucal. Para los bebés en los primeros meses debe evitarse en absoluto, ya que, además del azúcar, sus componentes ácidos y sus impurezas son excesivas para su organismo aún en proceso de desarrollo. Lo mismo cabe decir de los azúcares granulados ricos en sales minerales y vitaminas. Sólo a partir del octavo mes pueden usarse como sucedáneos del azúcar y como ingrediente de ciertas recetas. De todas formas, pruebe usted siempre el grado de dulzor de todo cuanto dé al niño, para que no sea excesivo y éste se acostumbre desde pequeñito a lo extremadamente dulce: su sentido gustativo debe desarrollarse, por supuesto, pero no a base de dulce. Por lo general, el dulce aroma de la fruta y de la leche suele ser suficiente si desde un principio lo mantenemos tal cual, sin añadirle más azúcar.

Grasas: Mantequilla y aceite de semillas

La leche materna contiene un 50% de grasa, cantidad notablemente superior a la de la alimentación de los adultos, cuyo valor recomendado no debe ser superior a un 30%. Los lactantes, en cambio, necesitan una dieta rica en grasa que, contenida en una masa reducida proporcione aparte a su organismo muchas calorías. El estómago del bebé es pequeño, pero

Composición de la nutrición

sus necesidades son considerables. La grasa viene a resolver el problema en este sentido y, la leche materna posee, además, vitaminas adiposolulbles (A, D, E, K: véase página 13) y ácidos no saturados, sustancias todas imprescindibles para el organismo. Si el niño no es criado al pecho, la lactancia natural por excelencia, en los primeros cuatro meses conviene añadirle a la leche preparada un buen aceite de semillas a fin de cubrir el necesario aporte graso.

Sólo después del cuarto mes deberá usarse mantequilla. Al final del primer semestre se comenzará a reducir el porcentaje graso de la dieta hasta un 40 ó 35%. La mitad deberá ser de origen animal (mantequilla fresca sobre todo) y la otra mitad de origen vegetal. La margarina solamente deberá usarse si en el envase se indica expresamente que no está endurecida. Las grasas animales están contenidas asimismo, de manera más o menos encubierta, en la carne y en los embutidos, pero son de poco valor. Por el contrario, la grasa de la yema de huevo es muy rica en vitaminas.

La leche, y en general todos los productos lácteos contienen también muchas vitaminas en su grasa, por lo que al adquirirlos debemos dar preferencia a los de elevado porcentaje graso, no inferior a un 3,5%. La nata, la crema de leche agria y la crema fresca son productos muy apropiados para la alimentación del bebé próximo a cumplir un año.

En resumen, no debemos olvidar que el niño necesita, en general, mayor cantidad de grasa que usted. Por lo tanto, si de lo que se trata es de reducir calorías en su propia dieta, esta reducción de deberá hacerse precisamente limitando el consumo de grasas, sino a base de eliminar dulces, golosinas y bebidas azucaradas.

Los aceites prensados en frío contienen gran cantidad de ácidos grasos no saturados, lo que les hace especialmente valiosos, pero tienen el inconveniente de poseer asimismo ciertas sustancias aromáticas y ácidos que para el lactante pueden resultar poco asimilables. Por lo tanto, en los primeros meses lo mejor es limitarse al consumo de simples aceites de semillas, como ya queda apuntado, dejando para más adelante (a partir del décimo mes) el empezar a suplirlo poco a poco con aceites prensados en frío.

Proteínas: Productos lácteos, huevos, carnes, patatas y cereales

El menú del bebé no debe contener más de un 10-15% de proteínas. La propia leche materna contienen incluso un porcentaje inferior, pero él la aprovecha al máximo tal y como está contenido en ella, que es exactamente cuanto necesita. En la lactancia artificial las fuentes proteicas son la leche de vaca y el aceite de soja. Este tipo de proteínas «extrañas» pueden producir alergias en algunos casos. Sobre todo si usted misma o su marido son alérgicos de por sí a la soja, lo mejor es prescindir de ella de antemano como medida preventiva (páginas 28,33).

Al introducir en la dieta una alimentación complementaria el abanico de productos alimenticios ricos en proteínas se amplía notablemente: carne, patatas, copos de cereales, etc., pueden ser ya perfectamente asimilados por el niño. Lo ideal es un aporte al 50% de proteínas animales (leche, carne, huevos) y vegetales (patatas, cereales). Esta combinación es la más sana, porque ambos tipos de proteicos se complementa y de ese modo, el niño recibe la dieta que necesita con el justo «valor biológico» como punto esencial de referencia.

He aquí las combinaciones ideales:

Composición de la nutrición

La combinación óptima de los alimentos eleva el «valor biológico»

	Productos lácteos	Huevos	Cereales	Maíz	Patatas	Legumbres	Nueces, semillas
Productos lácteos			▨	▨	▨	▨	▨
Huevos					▨		
Cereales	▨				▨	▨	
Maíz	▨					▨	
Patatas	▨	▨				▨	
Legumbres	▨		▨	▨	▨		
Nueces, semillas	▨						

Los líquidos

El lactante necesia, relativamente, grandes cantidades de líquido: de 140 a 180 ml por cada kilogramo de peso, durante los tres primeros meses. Hasta cumplir el año, su consumo de líquido va reduciéndose paulatinamente, de fama que pasado ya el primer trimestre viene a ser de unos 130 a 150 ml; tres meses más tarde, de unos 120 a 145 ml y, finalmente, de unos 120 a 135 ml por cada kilogramo de peso. Un adulto, en cambio, necesita tan sólo de 30 a 40 ml/kg. ¿A qué se debe tan enorme diferencia? La razón es sencilla: Los riñones del bebé no pueden «concentrar» con tanta intensidad, por lo que la mayor parte del líquido que toma la pierde a través de los pulmones y la piel. Si usted misma le da el pecho, su leche contiene ya la cantidad de líquido que su organismo necesita. Por lo tanto, no es preciso darle nada más. Pero si le cría a biberón y suda mucho en verano, le

vendrá bien un poquito de manzanilla sin azúcar. Lo mismo vale en caso de fiebre, diarrea o vómitos, en tanto que se avisa al pediatra, ya que estos trastornos elevan el consumo de líquido de modo considerable (páginas 25, 26). Lo que no debe hacer es convertir el biberón de manzanilla en sustituto del chupete. Los zumos, en cambio, no resultan adecuados para apagar la sed, debido al azúcar que contienen, por lo que su ingestión viene a ser prácticamente una especie de toma adicional. Recuerde pues: solamente agua, manzanilla, menta cualquier otro tipo de té ligero y sin azúcar. El agua deberá ser siempre agua mineral natural (sin gas, por supuesto) y de la marca expresamente prescrita por el pediatra.

Las vitaminas

El lactante precisa para el crecimiento tan extremadamente activo que caracteriza ese período inicial de su vida, un elevado aporte vitamínico. Toda carencia en este sentido puede producir daños irreparables para el resto de sus días. Hasta cumplido el cuarto mes, la leche, cuando es criado al pecho materno, contiene la manera natural todo cuanto el bebé necesita, salvo la suficiente vitamina D, por lo que en todo caso, es recomendable su aporte adicional. La vitamina C (ácido ascórbico) interviene en la formación del tejido conjuntivo y favorece la asimilación del hierro. Su carencia puede elevar la predisposición a las infecciones e incluso, en el peor de los casos, puede producir hemorragias bajo el periostio (membrana fibrosa que recubre los huesos). La leche materna —sobre todo si la alimentación de la madre es correcta— es especialmente rica en vitamina C, por lo que en este aspecto, como en tantos otros referidos a la alimentación natural del bebé, no es preciso ningún aditamento especial. En cambio, si el bebé es alimentado con leche preparada por usted misma, a partir de las seis semanas deberá

Composición de la nutrición

suministrársele adicionalmente una cucharada de jugo de zanahoria o de zumo de naranja natural recién exprimido. De esta forma el aporte de vitamina será completo. El pediatra será quien haya de decidirlo, pues no todos los casos son iguales ni tampoco la leche preparada en casa suele ser frecuente, como ya quedó apuntado. A partir del cuarto mes, cuando el niño coma ya fruta y verduras, el aporte necesario de la vitamina C estará ya asegurado.

La vitamina B (B_1, B_2, B_6, B_{12}, ácido fólico, niacina) desempeñan un papel decisivo desde el punto de vista del metabolismo en general, en la valoración de los hidratos de carbono y de las proteínas y en la formación de los góbulos rojos. La leche materna y, posteriormente la leche preparada, los copos de cereales y la carne aportan a la dieta del niño el suficiente porcentaje del complejo vitmínico B. De ahí el peligro que supone para el bebé, cuaquier tipo de alimentación vegetariana por parte de la madre. En cuanto a la totalidad de las vitaminas hidrosolubles (C, grupo B, biotina), a excepción de la B_{12} (cianocobalamina) toda cantidad superior a la que el organismo necesita, éste la expulsa. Por lo tanto, no se trata de hacer acopio de ellas, sino de aportar al organismo regularmente la proporción óptima.

En cambio las vitaminas liposolubles (A, D, E, K) sí que las almacena el organismo, hasta el punto de que si lo hace de forma extremada pueden producirse intoxicaciones. En cantidades correctas proporcionan, en cambio, las reservas suficientes al tejido adiposo para un largo período.

La vitamina A (retinol) la necesita el bebé de manera especial a partir del cuarto mes, ya que hasta entonces se ha abastecido de la depositada en el seno materno. Esta vitamina es muy importante para el desarrollo de la piel y la regeneración de la púrpura visual. En la fase previa se encuentra en las zanahorias y verduras en forma de caroteno. También se encuentra en el queso, huevos e hígado. Como quiera que el organismo solamente puede asimilarla en presencia de grasa, cualquier tipo de alimentación pobre en grasas y verduras puede ocasionar trastornos carenciales, de ahí que los pediatras —que como siempre han de ser quienes digan la última palabra— suelan prescribir la vitamina D de manera adicional, tanto a los bebés de dieta natural como artificial (generalmente combinada con flúor). La vitamina D favorece el metabolismo del calcio y del fósforo en el sistema óseo. Su carencia debilita los huesos y los deforma, dando lugar a la aparición del raquitismo. Es cierto que la vitamina D se encuentra en los huevos, el aceite de hígado de bacalao, el pescado y la leche, pero en cuanto a la piel, para su formación óptima se logra únicamente mediante los efectos directos de los rayos solares. Por eso en los países o regiones en que los días de sol son escasos, es frecuente, y hasta necesario, añadir a la dieta infantil un determinado porcentaje adicional de vitamina D. Como ve, el sol es un factor importantísimo para la salud del bebé. Aproveche, pues, cuantas ocasiones se le presenten para que disfrute tomándolo.

La vitamina E. Esta vitamina es la que protege los ácidos grasos no saturados. Se encuentra en la leche materna y en las leches modificadas de calidad recomendadas por el pediatra. Más tarde, su aporte suele complementarse a base de aceites prensados en frío.

La vitamina K es responsable de la perfecta coagulación de la sangre. Se forma en el intestino grueso sobre la base de diferentes colibacterias que sólo aparecen cuando el bebé es alimentado con leche de vaca. Pero hasta iniciada esta fase, el bebé se abastece sobradamente de las pequeñas reservas con las que viene al mundo.

Composición de la nutrición

Las sales minerales

Son fundamentales para el organismo y, al mismo tiempo, parte integrante de las vitaminas y encimas de las sustancias activas y de los líquidos que lo integran. De ahí su especial importancia en el caso de los recién nacidos dada su fase de formación y desarrollo. Por otra parte, las sales minerales son las sustancias que obligan a los riñones a ejercer una de sus principales funciones de eliminación, ya que su presencia en el organismo en cantidades excesivas pueden resultar altamente perjudiciales para la salud.

El sodio, el potasio y el cloro mantienen el equilibrio dentro y fuera de las células, intervienen en las contracciones musculares y realizan otras muchas funciones importantes. Los bebés suelen estar tan bien abastecidos de estas sales durante el primer año, que se prohíbe estrictamente cualquier dieta que contenga cloruro sódico, es decir, sal común, para no sobrecargar la función renal. El potasio en cambio, se complementa posteriormente con la ingestión de patatas, fruta y hortalizas dentro de la dieta normal. El calcio y el fósforo son elementos fundamentales para la formación de los huesos y la dentadura, y se encuentran en todo tipo de leche. La única leche que no contiene estas sales en cantidad suficiente es la de soja, por lo que los pediatras prescriben siempre otros tipos de leche vegetal cuando la lactancia del bebé presenta problemas alérgicos.

El hierro es imprescindible para la formación de los glóbulos rojos de la sangre a fin de garantizar la oxigenación de todo el organismo. Habida cuenta que la cantidad de sangre del recién nacido se incrementa extraordinariamente durante el primer año, el aporte del hierro necesario es importantísimo. Hasta el cuarto mes su hijo puede echar mano de sus reservas acumuladas en su período embrional. Pero luego empieza a resultarle insuficiente, incluso cuando se sacia con su dieta. La carne es la mejor fuente de suministro de hierro para el organismo humano, tanto por su rico contenido como por la propia naturaleza del mismo. Esta es la razón por la que los pediatras aconsejan un aporte complementario de carne en las papillas de verdura a partir del quinto mes. Es importante el hecho de que las papillas sean de verduras, pues éstas, gracias a su riqueza en vitamina C estimulan la asimilación del hierro. Como sustituto de la verdura se puede añadir, si se prefiere, una cucharadita de zumo de naranja recién exprimida. Una o dos veces al mes puede sustituirse la carne por hígado de ternera. También contienen hierro los copos de cereales, las espinacas, los melocotones, entre otros productos. En cuanto al cobre, otro importante componente de la sangre, las cantidades requeridas por el organismo son mucho más inferiores. Los bebés criados al pecho materno asimilan cuanto necesitan a través de la leche. En los demás casos, la incorporación a la dieta de cereales integrales, hígado, plátanos y espinacas es suficiente para aportar al organismo del bebé el cobre que necesita.

El flúor forma parte de la estructura dental y protege contra la caries en gran medida. El pediatra le indicará si el flúor contenido en el agua que tome su bebé es o no suficiente.

El yodo es necesario para la formación de las hormonas de la gándula tiroides (tiroxina, triyodironina). Su carencia puede producir trastornos de crecimiento. Si usted misma cría a su bebé, podrá asegurarle el yodo en cantidad suficiente incluyendo en su propia alimentación sal yodada o suficiente pescado. Las leches preparadas contienen ya el yodo necesario como aditamento. En todo caso, al pasar de la alimentación de la primera a la segunda fase de desarrollo de su bebé, la alimentación infantil propiamente dicha, conviene usar siempre sal

Composición de la nutrición

yodada y no descuidar la inclusión del pescado. El aporte de las demás sales minerales queda garantizado desde un principio por la lactancia y posteriormente, sobre todo, por la ingestión de verduras.

Aporte diario aconsejable de vitaminas minerales y sustancias vestigiales en él

	Vit. A (mg-equiv.)	Vit. D (µg)	Vit. E (mga Tocoferol equivalente)	Vit. B1 (mg)	Vit. B2 (mg)	Niacina (mg-equiv.)	Vit. B6 (mg)	Ácido fólico (µg)
1.er semestre	0,42	10[a]	4	0,4	0,3	5	0,3	50
2.º semestre	0,40	10	5	0,5	0,5	8	0,4	50

[a] = 400 D. L.

Referencia a edades según «Recommended Dietary Allowances», Washington 1973

Vit. B$_{12}$ (µg)	Vit. C (mg)	Calcio (mg)	Fósforo (mg)	Magnesio (mg)	Hierro (mg)	Cobre (mg)	Zinc (mg)	Yodo (µg)
0,3	35	360	240	60	10	0,6	3	40
0,3	35	540	400	70	15	0,7	5	45

Fuente: La alimentación del lactante, edición 28 de la DGE (soc. alemana de alimentación) Francfort (RFA)

Aprender a comer es importante

En el transcurso del primer año, su bebé se desarrolla de manera asombrosa en todos los aspectos. El modo de comer no es innato sino que —consciente o inconscientemente— lo vamos aprendiendo en el curso de nuestra vida. El proceso de aprendizaje se inicia nada más nacer: el bebé, guiado por sus reflejos comienza a mamar. Este proceso es continuo: el instinto no hay que dejar de estimularlo hacia un mejor comportamiento. Si falla esta intercomunicación entre madre e hijo pueden producirse trastornos. Pues precisamente en los primeros meses, la toma del alimento está íntimamente relacionada con ese intercambio de ternura y caricias de calor, tacto y sensación de seguridad. Al amamantar a su bebé, no sólo le está alimentando, sino que al mismo tiempo él ve saciada su «hambre» psíquica de proximidad a la madre. Puede que no siempre resulte fácil alcanzar ese ideal, pero de su buena disposición como madre depende casi todo. Y lo mismo cabe decir en el caso del biberón. Siempre son la presencia de la madre y su cariño los factores decisivos. Pero todo lo demás no dejan de ser más bien cuestiones técnicas: orden, costumbre, comportamiento. El comer es un hecho social que relaciona a las personas, las une y que, sobre todo, debería unir a los miembros de la familia. Por eso en cuanto pueda comer solo, siéntele a la mesa familiar. Asígnele un lugar fijo, su platito y su cucharita. Por supuesto que no podrá evitar que se ensucie, pero, no importa, lo que no debe consentir es que abuse, cosa que los bebés aprenden en seguida. Con el tiempo se irá acostumbrando según haya sabido usted educarle. No le deje jugar con la comida. Su bebé será el primero en resultar beneficiado. Poco a poco se irá convenciendo de que sentarse a la mesa y comer tiene sus reglas y que, además, esas reglas son agradables.

¡Pecho sí, biberón no...!

Supongamos que usted desea o se ve obligada a dejar de dar el pecho a su bebé. Pero, ¿qué ocurre? Su bebé, que hasta el momento mamaba entusiasmado, ahora no quiere saber nada de biberones. Veamos lo que se puede hacer:

● Procure encargar a otra persona el acostumbrar a su bebé al biberón, pues si se acerca a usted persistirá aún más en su deseo de no separarse del pecho. Por otra parte, seguramente sus nervios no estén en condiciones de soportar tanto inconveniente.

● Humedezca con leche la tetilla del biberón. Y en el preciso instante en que le introduzca la tetilla en la boca, oprima un poquito.

● Tal vez el nuevo sabor no le agrade. En ese caso intente darle el primer biberón con leche extraída de su pecho y cuando vea que el bebé ya no lo rechaza, haga el cambio.

● Compruebe si el orificio de la tetilla y la temperatura de la leche son correctos (página 34/consejo).

● Si su bebé ya ha cumplido los seis meses, puede intentar también darle el líquido con una cucharilla. Pero el instinto de succión del bebé no se verá satisfecho.

● A ser posible, prolongue la lactancia natural de su bebé hasta que éste tenga un año. Después no le resultará difícil acostumbrarse a beber por una taza.

El primer puré de verdura se prepara fácilmente y sin gran trabajo utilizando siempre ingredientes frescos. Las fotos nos muestran (de izquierda a derecha) los ingredientes necesarios y su preparación. Para que la papilla resulte esponjosa se machacan al tiempo las zanahorias y la carne. Las patatas cocidas se mezclan con la mantequilla haciendo con todo un puré fino que se mezcla finalmente con el puré de carne y zanahorias. Receta pág. 41.

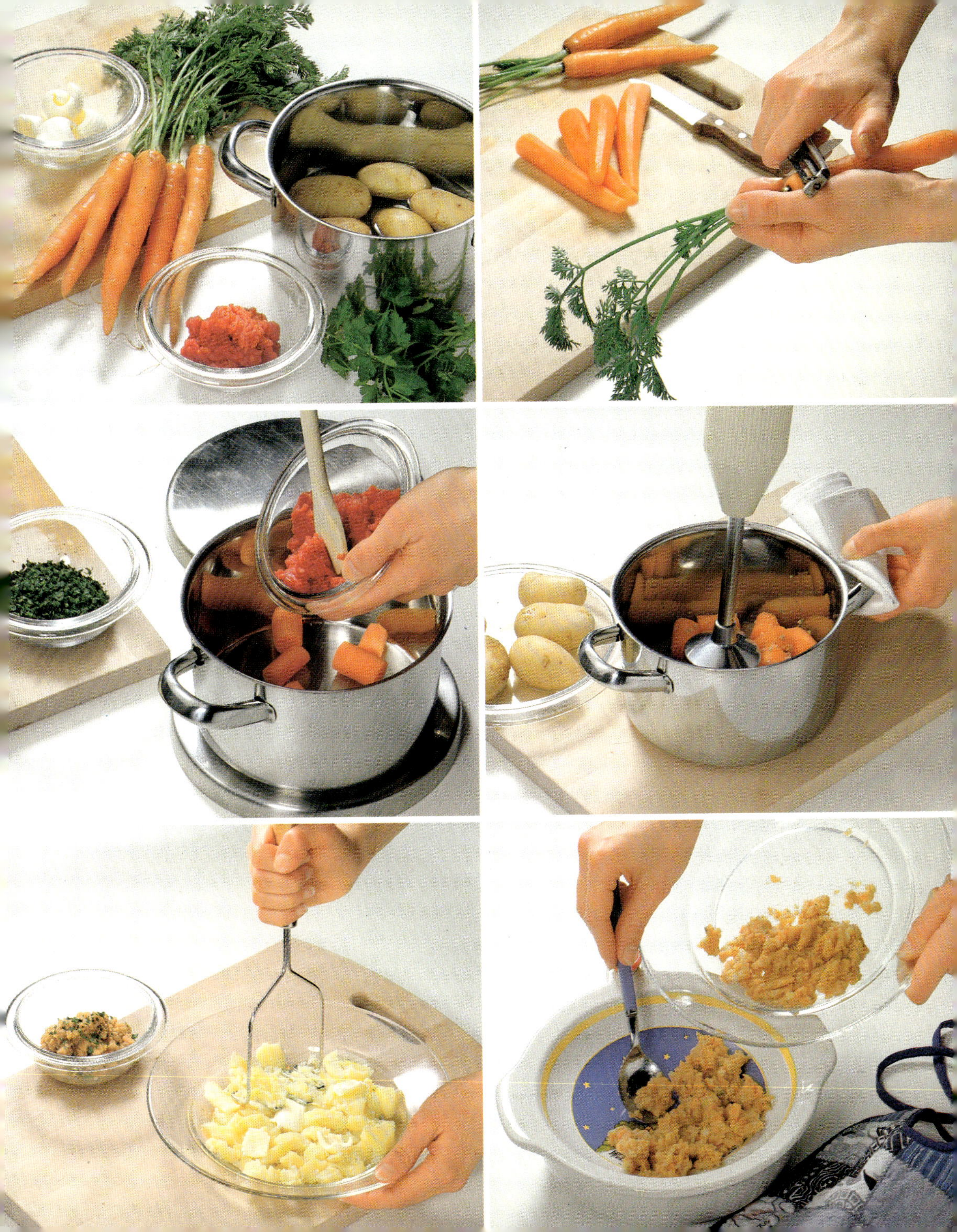

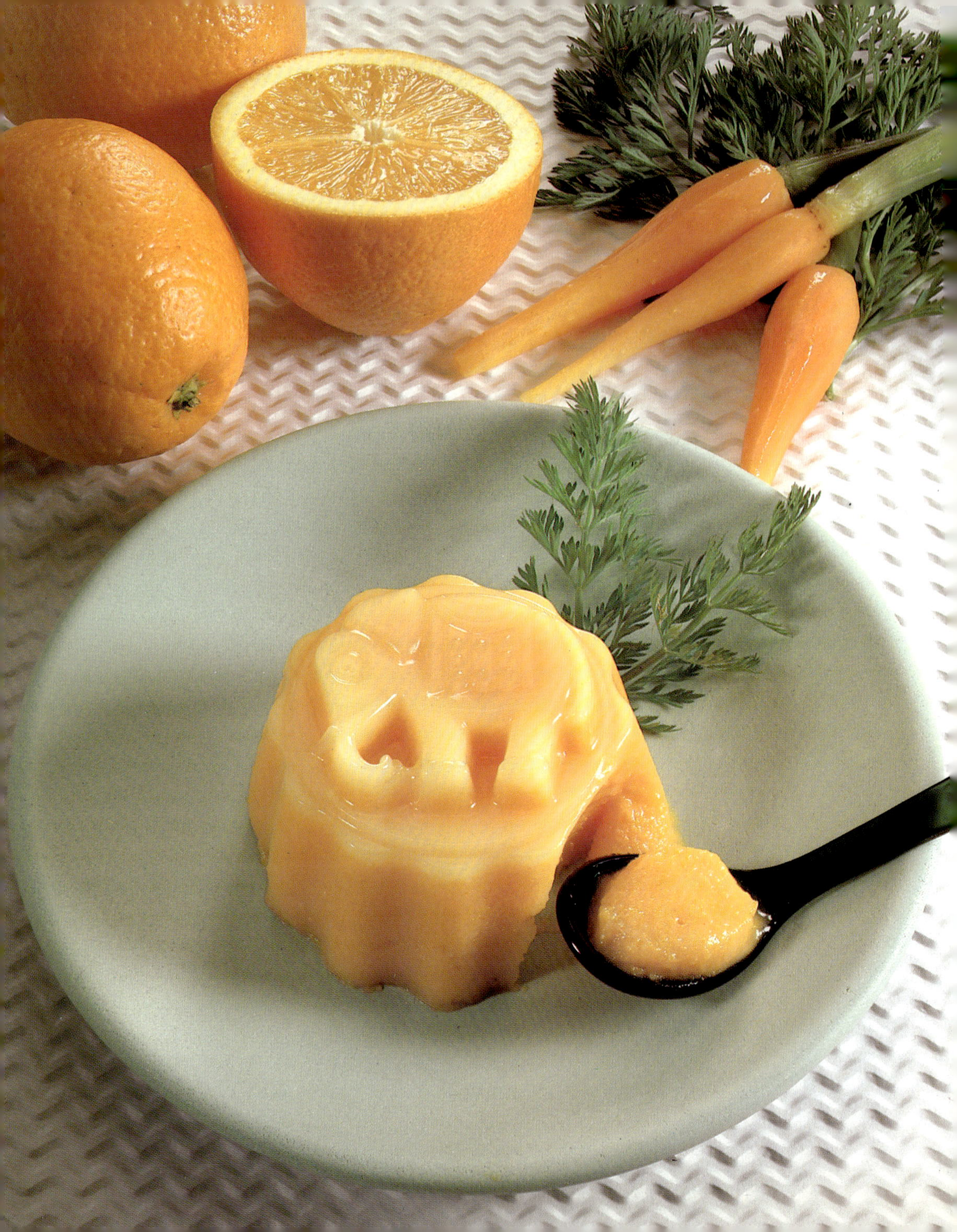

Aprender a comer es importante

Cuando el apetito aumenta por la noche...

En los primeros 3 ó 4 meses no debemos privar al bebé de su toma nocturna, sobre todo si es un bebé menudito. Si aumenta de peso y se desarrolla de manera normal, puede que a partir del cuarto o del quinto mes ya pueda pasarse sin ella perfectamente.

● A veces se obtienen buenos resultados dándole a beber un poquito de manzanilla o menta sin azúcar, si llora durante la noche. A su marido no le importará encargarse de ello para que usted pueda dormir tranquila.

● Sustituya la leche de por la noche por una papilla clara que le permita dársela en biberón. Así se sentirá saciado durante más tiempo.

● Procure que su bebé tome todas y cada una de sus comidas, aunque para ello sea necesario despertarle alguna vez. De no hacerlo así se pasará el día entero durmiendo y justamente por la noche es cuando tendrá más hambre.

● Si le parece oportuno, puede meterle en la cuna una bolsita de agua (moderadamente caliente), de esa forma el bebé dormirá mejor.

● Bañándole antes de acostarle también dormirá mejor, pues se sentirá un poquito más cansado. Y cuando le dé el biberón, nada de televisión ni de radio. También el silencio es un factor relajante.

El problema de la cuchara

Antes de cumplir el cuarto mes, no deberá intentar acostumbrar a su bebé a comer con cuchara. Sus únicos reflejos están orientados hacia la succión y las funciones de masticar y tragar le son totalmente extrañas. La cuchara lo único que hace es producirle frustración y rechazo, a veces a largo plazo. Pero si usted alimenta a su bebé con leche preparada por usted misma (con el consentimiento del pediatra), deberá añadirle ya en cada toma, a partir de la sexta semana, jugo de zanahoria o zumo de fruta. Si a su bebé no le gusta, al principio, puede recurrir a metérselo en la boca con el ámbolo de una jeringuilla (sin aguja, por supuesto), poquito a poco. Pero en cuanto se haya tragado las primeras gotas, deberá introducirle el biberón en la boca para que también lo paladee y se vaya acostumbrando. El mismo sistema es válido cuando se trata de administrarle algún medicamento. El preparativo vitamínico de vitamina D y flúor (página 14), si es usted quien amamanta a su bebé puede dárselo mezclado en un poquito de su leche y acto seguido darle el pecho. A partir del cuarto o el quinto mes, deberá iniciar sin demora la «operación cuchara». También en este aspecto pueden ayudarle los siguientes consejos:

● La cuchara debe ser recta, estrecha y plana, de ese modo el bebé podrá empezar por chupar el contenido y le resultará más fácil pasar de mamar a comer.

● Empiece por 1 ó 2 cucharadas durante la toma normal de leche. Cuando su apetito es grande será más fácil que admita la cuchara después de haber mamado durante un ratito. Pero no espere hasta que haya saciado por completo su apetito, entonces no admitirá la cuchara.

◁ Los bebés tienen una predilección muy pronunciada por los colores luminosos. Por ello este puding de zanahorias y naranjas «resbala» hacia abajo con gran facilidad. Receta pág. 56.

Aprender a comer es importante

- El bebé no sólo extraña el sabor, sino también la consistencia. Si rechaza la papilla de zanahoria o de plátano, intente acostumbrarle a la cuchara, dándole sólo zumo. En general los primeros alimentos en cuchara deben ser ligeramente dulces, como la leche materna.
- Los primeros intentos procure realizarlos en la cocina, que siempre será más fácil de limpiar...
- La paciencia y la calma son dos factores importantes. No se dé por vencida demasiado pronto, será en perjuicio de su bebé, pues el desarrollo en este proceso lleva consigo otros procesos posteriores igualmente importantes para su bebé.

El bebé se niega a comer

Entre los bebés este problema no es frecuente, por lo general, aunque bien es cierto que también hay quienes se resisten a mamar. En este caso: alargue las tomas hasta 30 minutos y dele de mamar más a menudo, pues si se fortalece y se desarrolla convenientemente, con más fuerzas mamará. En ningún caso dejará que pase hambre para que luego mame con más ganas. A veces esa falta de interés por el pecho o el biberón cambia en cuanto el bebé debe masticar.
- Cuando ya tome papillas, realice los preparativos con calma, prepárele la mesa y tenga paciencia. No deje de recurrir a cuantos trucos pueda imaginarse: imitar el vuelo de un avión (con la cuchara), el cuento de los dedos («... y el más chiquitín se lo comió»), etc. Poco a poco, la papilla irá desapareciendo.
- Ni que decir tiene, que entre horas no deberá dar al niño ninguna golosina, ni nada extra (zumo, una galleta). De vez en cuando, eso sí, puede darle una rajita pequeña de manzana para que mastique. Eso le vendrá bien y no le quitará el apetito.

- Procure adelantar cuanto antes el momento de comer al mismo tiempo que su hijo, al verla comer a usted le motivará.
- Hay niños verdaderamente holgazanes para comer que se empeñan en que todo se les dé a la boca. No se niegue rotundamente a hacerlo, tenga paciencia, que más tarde o más temprano acabará comiendo solo.
- A otros, en cambio, es precisamente el hecho de comer solos lo que les estimula. Pues bien, tampoco en este caso deberá intentar frenar sus impulsos, a menudo demasiado eufóricos. Cubra la mesa con un mantel de plástico, póngale al niño un babero gigante, si es preciso. Dele una cuchara curvada y déjele que coma como más le apetezca.
- Los platos con compartimentos para mantener la papilla caliente son de gran utilidad para los niños que tardan al comer, pues si además de su pereza la papilla se le enfría, será difícil conseguir que la termine.
- El ambiente es otro factor importantísimo. El niño se fija mucho en todo cuanto le rodea y cuanto más agradables sean sus cubiertos, su sitio en la mesa y su entorno, tanto mejor. Cuando el niño esté comiendo, nada de voces, prisas ni ruido: todo debe resultarle positivamente estimulante.
- Mientras la dieta del niño siga manteniéndose equilibrada y su peso aumente de modo normal, no debe preocuparse. Tenga en cuenta que los niños tranquilos y serenos tampoco gastan tantas energías como los que son un puro nervio. Lo que cuenta es, repito, que su desarrollo y su peso sigan un curso normal.

Aprender a comer es importante

¿Cuánto debe durar la lactancia?

La lactancia natural debe mantenerse hasta el cuarto mes, a lo sumo hasta el sexto. A partir de este tiempo, la leche materna resulta insuficiente. Desde el punto de vista del desarrollo del bebé, es importante, además, que aprenda a comer con cuchara. Al iniciarse la dentición es necesario, asimismo, la presión que en sentido contrario ejerce al bebé al masticar. Y lo que es aún más importante, la relación exclusiva con la madre debe comenzar a disminuir paulatinamente. Por las mañanas y a la noche puede seguir dándole el pecho, por supuesto, hasta que el bebé hacia el final del primer año pueda comenzar a tomar papillas. De este modo evitará tener que recurrir al biberón y podrá pasar directamente a la alimentación con leche fresca.

- Hay madres que amamantan a su bebé durante todo un año. Esto no le perjudica en absoluto, salvo en el caso de que la leche contenga demasiados residuos nocivos (página 22). Para el niño suele resultarle difícil desprenderse del pecho. En cuanto a la madre, esta prolongación de la crianza del niño con su propia leche supone una sobrecarga considerable para su organismo. No obstante: Si usted tiene la sensación de que para ambos es lo mejor, no tenga el menor reparo en aplazar el destete.

- El mantenimiento de la lactancia natural más allá del primer año, no reporta ventaja alguna ni física ni psíquicamente.

Mi hijo es demasiado gordo

Si usted alimenta a su bebé íntegramente dándole el pecho, es de todo punto imposible, según los resultados de los estudios científicos, que el niño engorde demasiado. Su sensación de saciedad está estrechamente relacionada con la cantidad ideal de leche materna necesaria. Otra cosa es cuando además del pecho le da usted una alimentación suplementaria. Observe las curvas de peso de la página 9 y compruebe si el peso de su bebé sobrepasa los parámetros normales. En caso afirmativo deberá intentar impedir que siga engordando, pero sin imponer, en absoluto, ningún tipo de régimen alimenticio. Nadie mejor que el pediatra, que conoce perfectamente el desarrollo del niño, podrá orientarle sobre le particular, pero sí conviene que conozca algunas consideraciones generales:

- No se debe reducir en ningún caso la dieta íntegra de leche o papilla que el bebé tenga asignada. Pero tampoco debe sobrepasarse la cantidad establecida. El exceso de leche (al final del primer año no más de 1/2 l al día) puede producir en el organismo del bebé una excesiva retención de agua y el exceso de papilla proporciona demasiadas calorías.

- En lugar de zumos de fruta sin azúcar, cuando tenga sed, dele a beber manzanilla sin azúcar.

- Elimine de su dieta todo tipo de extras: nada de galletitas, bizcochos, etc.

- Anote todo cuanto el bebé ingiera durante las 24 horas del día y compare sus notas con las recomendaciones referidas a la edad (página 9).

- Compruebe si su interpretación es acertada al creer que su bebé llora realmente porque tiene hambre. Es posible que sienta alguna molestia o algún dolor o incluso que con su llanto pretenda que le hagan compañía. Intente distraer su atención del biberón con algún juego o entretenimiento.

- En todo caso, si su bebé le da la impresión de que es insaciable y si llora de hambre a pesar de su alimentación correcta, no lo piense más y consulte al pediatra. El le recetará lo más adecuado para normalizar el peso del niño.

Pequeños comensales, grandes problemas

Pocas serán las madres a quienes no les afecte este tipo de problemas referentes al comportamiento de su bebé a la hora de mamar o comer. En la mayoría de los casos, estos pequeños comensales hacen gala de tan molestas costumbres que a veces resultan exasperantes. Pero de nada sirve lamentarse. De un modo o de otro, el objetivo, al margen de la alimentación correcta, es enseñarle a comportarse y, a ser posible, cuanto antes mejor. Para ello es preciso tener en cuenta varios factores que pueden influir positiva o negativamente. En los siguientes apartados encontrará algunos consejos concretos.

Lo que puede irritarle

Antes de echar la culpa a la comida, compruebe si no son los pañales desechables o posibles restos de detergente, crema reseca o jabón la causa de su irritación.
● Si le da el pecho puede ocurrir que su leche contenga vestigios de su propia alimentación que irriten luego la delicada piel del bebé a través de la deposición. Como medida preventiva limítese en un principio a eliminar de su propia dieta la fruta ácida cruda y sustitúyala por otra más suave (manzanas dulces, peras, melón). Si al cabo de una semana, como máximo, no advierte una mejoría en el comportamiento de su bebé en cuanto a su irritación, deberá eliminar también de su dieta todo aquéllo ante lo que usted misma reaccione de modo más o menos alérgico. A veces producen irritación las nueces, el chocolate, los zumos o algunas sustancias estabilizadoras de las conservas o productos elaborados.
● Si su bebé toma biberón, la causa de su irritación deberá buscarla directamente en la propia composición del producto con el que se lo prepare: las leches adaptadas no suelen causar problemas. Pero si se trata de leche preparada por usted misma, lo mejor será informar al pediatra de sus ingredientes para que sea él quien fije la composición idónea para su bebé.
● También los zumos pueden causar irritaciones. Procure prepararlos a base de manzanas dulces, y si se trata de un zumo de uva, páselo siempre por un colador fino. También puede usar la olla a presión siguiendo sus instrucciones.

Preferencias y manías

En los primeros meses todo marcha perfectamente: la apetencia exclusiva de la leche materna resulta ideal tanto para la madre como para el bebé. Pero a partir del sexto mes empiezan los problemas. Los estudios realizados han puesto de manifiesto que las preferencias alimentarias de los bebés cambian con frecuencia y se compensan unas con otras. Pero también se dan casos en que muchos niños de 2 a 3 años siguen empeñados en no comer verdura o fruta, y en cambio desvivirse por la leche, las patatas fritas y las golosinas, entre otras cosas. Si en el primer año advierte usted ya una cierta tendencia en este sentido y trata de ponerle remedio a tiempo, se evitará serios problemas a largo plazo. En primer lugar no dramatice demasiado el hecho de que su hijo rechace de plano algún tipo de alimento, pero tampoco consienta simplemente que se salga con la suya. Procure ofrecerle otras variantes, pero no admita que se obstine en comer preferentemente una o dos cosas concretas.
● Las zanahorias y las patatas suelen gustar a la mayoría de los niños, pero si el suyo las rechaza, puede darle colinabo, hinojo, coliflor, guisantes o calabacín como alternativa, pero en ningún caso debe desechar por completo las patatas, aunque las sustituya a veces por arroz o cereales.
● No ofrezca nunca a su bebé sucedáneos dulces, sin rechaza la papilla de verduras, pues es

Pequeños comensales, grandes problemas

preciso que se vaya acostumbrando al sabor característico de éstas. Lo más que puede hacer es mezclarse en la papilla una cucharada de compota de plátano.

● No se deje llevar por sus impulsos y convierta el rechazo de ciertos alimentos por parte de su bebé en un asunto de amor propio. Al final siempre será usted la que saldrá perdiendo. Y no olvide que también puede dar buen resultado la combinación de varios alimentos hasta conseguir un color especialmente atractivo para el bebé.

● La fruta y las verduras contienen muchas vitaminas hidrosolubles y sales minerales.
Al mismo tiempo proporcionan la fibra necesaria para que la alimentación no resulte demasiado concentrada, es decir, con excesivas calorías. ¿Qué cantidad deberá ingerir su bebé para que su dieta no sea deficitaria respecto a los nutrientes más importantes? Las patatas son irreemplazables, por lo tanto deberán formar parte de su dieta al menos 3 veces por semana. Como se pueden preparar de muchas formas, no es fácil que le causen problemas. La fruta y las verduras se pueden intercambiar si es necesario: con 150 a 200 g al día se excluye su carencia. También la leche es insustituible. Hacia finales del primer año, algunos niños la rechazan. En tal caso trate de reemplazarla por yogur, pero que no contenga demasiada azúcar y su contenido graso no sea superior al 3,5%.

Las dichosas golosinas

Los caramelos, galletas, bombones y demás golosinas que a muchas personas les encanta dar a los niños, para lo único que sirven es para acostumbrarles a tener siempre algo dulce en la boca, con perjuicio de su dentadura y en detrimento de los buenos hábitos alimentarios. Si alguien se las ofrece, procure salir del aprieto guardándolas «para más tarde» o diga simplemente que su hijo es demasiado pequeño para comer golosinas y que además le sientan mal.

¿Y la alimentación vegetariana?

La alimentación vegetariana llevada a sus últimos extremos supone renunciar a todo tipo de productos alimentarios de origen animal, incluyendo, por lo tanto, la leche y los huevos. Entre los sucedáneos de la leche se ofrecen leche de soja, de almendra o de cereales frescos.

● En los primeros meses, este tipo de alimentación supone una notable sobrecarga para el aparato digestivo del bebé.

● Pueden producirse trastornos carenciales de ciertos aminoácidos que sólo se encuentran en proporción suficiente en las proteínas animales, así como una falta de calcio y de vitaminas D, B_2 y B_{12}, que puede desembocar en anemia o raquitismo.

● La industria elabora diversos productos especiales para la alimentación infantil a base de leche de soja que en su composición está adecuada a la de la leche materna, por lo que su consumo proporciona a los lactantes una alimentación correcta.

● Si sólo se renuncia al consumo de carne y huevos, lo único insuficiente en la alimentación del bebé será el hierro, cuyas posibles repercusiones a largo plazo se desconocen por el momento.

Residuos en la leche materna

Ciertos productos químicos nocivos para la salud (DDT, lindane, HCD, heptacloro, aldrina y PCB) se incorporan a los alimentos principalmente a través de los pesticidas y se depositan

Pequeños comensales, grandes problemas

posteriormente en nuestros tejidos, ya que nuestro organismo no puede metabolizarlos. Esto quiere decir que pueden afectar incluso de manera residual a la propia leche materna, sobre todo si la madre adelgaza notablemente después del parto. De todas formas, aunque esto supone un detrimento del producto alimentario ideal, durante los cuatro primeros meses de lactancia los efectos para el bebé carecen de importancia.

- Si usted continúa amamantando a su bebé más allá del cuarto mes, es aconsejable hacerse analizar la leche y consultar al pediatra respecto al proceso a seguir.
- En general, los residuos nocivos se han advertido solamente en casos concretos en los que la leche materna analizada provenía de mujeres consumidoras de productos afectados por algún tipo de contaminación del medio ambiente o por el deterior ecológico. Por lo tanto, habida cuenta de que tales circunstancias son sin duda excepcionales, el problema de los residuos químicos nocivos en la leche materna apenas reviste importancia. No obstante, conviene tenerlo en cuenta a título preventivo, ya que no se puede excluir rotundamente que en un momento dado, en una comarca concreta o en un entorno afectado por alguna anomalía ecológica puedan darse esas circunstancias.

El nitrato: efectos y valores límite

El nitrato es una combinación natural presente tanto en el agua potable como en las verduras. En el proceso de preparación de los alimentos o dentro del propio organismo es transformado parcialmente en nitrito por la acción de las bacterias, alterando los glóbulos rojos al impedir su absorción de oxígeno y, en consecuencia, su transporte. Cuando el bebé cuenta solamente tres meses, este proceso se lleva a cabo a doble velocidad que en el caso de una persona adulta,

dado que su sistema protector aún no funciona y su estómago sólo produce ácidos en cantidad insuficiente para eliminar las bacterias productoras del nitrito. Como consecuencia de este comportamiento del organismo infantil se produce en el bebé una insuficiencia de oxígeno tanto mayor cuanto menor sea su edad. Sólo a partir del primer año deja de ser un peligro la concentración media de nitrito.

- Si usted no amamanta a su hijo debe informarse respecto al contenido de nitrato del agua de consumo de su localidad: si los valores son inferiores a 20 mg por litro, no hay inconveniente en su utilización, pero conviene dejar siempre correr el agua contenida en la cañería y tomarla siempre fresca en el justo momento en que se disponga a preparar la leche. Y, por supuesto, deberá dejarla hervir durante 3 minutos. Otra posibilidad es sustituir el agua del grifo por agua mineral en envase de cristal que ofrezca el máximo de garantías como apta para la preparación de biberones. Este tipo de agua que no contiene más de 10 mg de nitrato, 20 mg de sodio y 1,5 mg de fluoruro deberá seguir usándolo hasta que su bebé cumpla un año. Respecto a la verdura con contenido de nitrato, no deberá dársela nunca antes del cuarto mes. Si prepara la leche usted misma, use solamente leche fresca y añádale a partir del primer mes o mes y medio un poco de zumo de zanahoria. Si usa productos industriales, el contenido de nitrato dentro de los valores permitidos está asegurado por los estrictos controles sanitarios a que están sometidos por parte de los organismos competentes.
- Más de 75 mg de nitrato por cada kilogramo del producto no son asumibles hasta el tercer mes. A partir de esta edad, el valor límite recomendado es de 250 mg.

Pequeños comensales, grandes problemas

Los aditivos

Contrariamente a lo que parece ser una creencia bastante generalizada, los productos para la alimentación infantil no contienen conservantes. En los tarritos deben figurar todos sus componentes conforme a las disposiciones legales sobre etiquetado de los mismos, por lo que usted misma podrá comprobarlo. No obstante, conviene señalar que no todas las sustancias de conservación o esterilización contenidas en los alimentos no dietéticos son nocivas para la salud, como, por ejemplo, las vitaminas C y E.

● Solicite en las oficinas de información al consumidor la relación de aditivos con sus correspondientes códigos para de esa forma poder descifrar los datos de los etiquetados.
● Los aditivos, en ciertos casos, como cualquier alimento en general, pueden producir alergias en el primer año del bebé, por lo que durante este período conviene excluir de su dieta en la medida de lo posible todo tipo de alimentos que contengan aditivos para que su posible efecto irritante sea mínimo.

La contaminación radiactiva

Sinceramente, tratar de aconsejar en este aspecto desde el punto de vista de la alimentación y muy particularmente de la alimentación infantil, es tener que empezar por reconocer que si tal contaminación llega a producirse, no hay modo de escapar a sus consecuencias. No obstante, conviene tener presente también aquí lo expuesto al tratar de los residuos nocivos en la leche materna. Pero insisto, si las partículas radiactivas han penetrado ya en el suelo de nada servirán tales consejos.

● A través de la cadena alimentaria, los productos más afectados serán el pescado y la carne, debido a su propia naturaleza en virtud de la cual, lo mismo que sucede en el hombre, las partículas contaminantes se concentran en su propio organismo. Como en general, el consumo de pescado suele ser inferior al de carne es ésta la que deberemos reducir en nuestra dieta, al mismo tiempo que la regulamos con una racional combinación a base de verduras, cereales y productos lácteos.

Nuestro organismo dispone de mecanismos reparadores: las células afectadas por cierto grado de radiactividad pueden ser, por lo tanto, regeneradas. Cuanto más equilibrada sea nuestra alimentación, mejor funcionará este sistema. Las recetas que ofrecemos en este libro persiguen como objetivo fundamental proporcionar al bebé la dieta idónea para su edad, una dieta sana y equilibrada concebida como el mejor modo de prevenir los posibles efectos perniciosos del deterioro del mediio ambiente, por mínimo que sea.

Cuando el bebé devuelve

Ocurre con frecuencia que el niño devuelve parte de su alimento y, sin embargo, nada negativo se observa ni en su desarrollo ni en su aumento de peso. En este caso no hay por qué preocuparse. Pero a veces eso que a primera vista puede parecer una mala costumbre, tiene su origen en algo más serio. En todo caso si el hecho se prolonga y el niño no engorda, deberá consultar al pediatra, pues bien puede tratarse de algún trastorno orgánico.

● Si se trata de una infección, lo más probable es que se detecte en la deposición y el tratamiento a seguir será análogo al recomendado en caso de diarrea, es decir, seguir dándole el pecho y administrarle la alimentación terapéutica respectivamente, incluyendo a ciertos

Pequeños comensales, grandes problemas

intervalos infusiones o tisanas.
● Puede ser también que su hijo esté hambriento y mame precipitadamente, tragando demasiado aire que, a su vez, es lo que hace luego vomitar la leche. Procure que su bebé eructe con frecuencia y, por lo que a usted respecta, mantenga la calma y tenga paciencia. Dele varias tomas pequeñas. Pero lo más probable es que el pediatra le recete algún fármaco para que la leche no forme espuma en el estómago del bebé.
● El hecho de que éste vomite puede ser también síntoma de alguna reacción alérgica. En la alimentación natural esto no se da nunca, pero sí en la lactancia a base de leche preparada. En este caso puede sustituirla provisionalmente por leche de soja y observar los resultados. En los bebés que ya toman papillas, el único modo de detectar una posible alergia es cambiando los ingredientes de su preparación y obrar en consecuencia con los cambios que advierta en su forma de reaccionar.
● Tampoco debemos excluir la posibilidad de que el niño vomite por puro aburrimiento. Un poco de distracción será entonces la mejor terapia.

El estreñimiento

Mientras siga amamantando a su bebé, éste jamás presentará síntomas de estreñimiento, pero una vez que empiece a alimentarse adicionalmente o con leche preparada puede que sí se estriña. A menudo se produce un círculo vicioso en el que, por un lado, el niño siente dolores a causa de su deposición dura y por otro, se contiene para evitarlos, con lo que aún se endurece más.
● Apliquele vaselina al culito introduciéndole un poquito en el recto.
● Prepárele el biberón o la papilla con 2-3 cucharaditas de extracto de malta en lugar de azúcar.

● Si ya toma alimentos adicionales, en lugar de darle manzana rallada o plátano, dele ciruelas secas ablandadas y en forma de puré mezcladas con fresas. Otros productos naturales laxantes son la compota de melocotón o de ruibarbo.
● Use copos de cereales, biscottes y panes integrales para elevar el porcentaje de fibra en la dieta.
● Procure al mismo tiempo que su bebé beba lo suficiente.
● Suspenda las tomas de leche según el plan de alimentación previsto y sustitúyalas por agua o té.
● Mezcla la papilla de por la tarde con yogur biológico.
● En todo caso, si el estreñimiento persiste, consulte al pediatra. No espere demasiado.

La diarrea es peligrosa

Si usted misma cría a su bebé, su deposición siempre será normal con la bebida consistencia. En este sentido no tiene por qué preocuparse. Pero si no es así, y la deposición es acuosa, consulte inmediatamente a su pediatra, pues una diarrea puede acarrear peligrosas pérdidas de líquido. No obstante, si a pesar de todo el niño no tiene fiebre y sigue tan jovial como siempre, tal vez sean suficientes algunos remedios caseros:
● Dele exclusivamente plátano aplastado en lugar de cualquier otro tipo de fruta.
● Sustituya provisionalmente la alimentación láctea por una papilla de arroz.
● En lugar de darle a beber manzanilla o hinojo, dele té negro poco cargado.
● Elimine de momento de su dieta todo tipo de grasa y prepárele las papilas con agua, en lugar de hacerlo con leche. A veces se obtienen buenos resultados añadiéndole un poquito de leche agria.
● Si la diarrea es intensa, no dé a su bebé

Pequeños comensales, grandes problemas

ningún alimento; dele solamente té azucarado hasta que le examine el pediatra. No demore la consulta.

Cuando le duele la tripita

... es como si el dolor fuera suyo, lo sé. El niño llora sin cesar y una se desespera, sin saber qué hacer de momento.
- Si le está criando usted misma, elimine de su propia dieta todo aquéllo que pueda producir flatos.
- A veces basta con darle a beber una infusión de hinojo con unas gotas de algún carminativo para favorecer la expulsión de las flatulencias o un ligero masaje en la barriguita con aceite de hinojo. Si advierte que se calma tomándole en brazos y paseándole o acunándole, trate de complacerle alternándose con su marido. Pero no deje que el procedimiento se convierta en una mala costumbre.
- La causa de los dolores puede ser también el cambio de tipo de leche infantil. Lo mejor es darle siempre la misma marca con que le hayan alimentado en la clínica y no cambiarla en el curso de los seis primeros meses.
- Los dolores de barriga pueden ser también síntoma de alguna reacción alérgica. Criándole usted misma, sin embargo, esto es poco probable (a menos que algunos de los alimentos de su propia dieta le produzcan alergia a usted misma). De no ser así, recurrir como alternativa a la leche de soja.
- Precisamente los tan temidos cólicos en los tres primeros meses pueden ser de origen psíquico. Tal vez su bebé esté sometido a alguna tensión o sensación de inseguridad a causa del entorno o de su propio estado nervioso. Reflexione sobre tal posibilidad y trate de ponerle remedio sacando de paseo al niño y tratando de relajarse. Su bebé será el primero en advertir su nuevo estado de ánimo y se sentirá mejor.
- Y recuerde: su hijo no llora por capricho, siempre lo hace por alguna razón.

La fiebre quita el apetito

Si su hijo está enfermo, lo primero que advertirá es que tiene fiebre y que se muestra apático y cansado.
- No se preocupe demasiado si no come bien un día o dos: su organismo debe hacer frente a la enfermedad y la alimentación forzada puede ser para él una carga.
- Lo importante es que beba lo suficiente. Para ello deberá darle cada hora un poco de té endulzado con glucosa.
- Si el niño ya es un poquito mayor conviene que mantenga en un nivel bajo el contenido proteínico de su alimentación. Sustituya la leche parcialmente por zumo de fruta o té con sacarosa y dele bastante fruta o papilla de verdura.
- Si el niño muestra síntomas de cansancio o somnolencia conviene que le prepare las papillas lo más ligeritas posible para que pueda tomarlas con biberón. Y cuando le dé a beber té o leche, puede utilizar excepcionalmente una tetilla de agujero mayor que el acostumbrado.
- Si su bebé rechaza los alimentos, no le obligue. Lo importante es que tome suficiente cantidad de líquido.
- En todo caso, en cuanto su bebé tenga fiebre, a menos que le remita poco después, consulte al pediatra. El tratamiento médico adecuado no ha de hacerse esperar.

Pequeños comensales, grandes problemas

Las alergias

Durante los primeros seis meses de la vida de su bebé las proteínas distintas de las contenidas en los alimentos distintos de la leche materna pueden causarle alergia. La razón es que la mucosa intestinal en ese período de su desarrollo es todavía mucho más permeable que la de los adultos, por lo que permite el paso a la corriente sanguínea de partículas proteínicas de mayor tamaño, produciendo una reacción de rechazo (sensibilización), que puede manifestarse en algún tipo de afección cutánea, bronquial o asmática.
Una vez sensibilizado el organismo, en éste puede persistir la alergia. Esta predisposición alérgica no puede haber sido heredada, pero no tiene por qué ser hereditaria necesariamente. Por otra parte las alergias de tipo alimentario en los lactantes suelen desaparecer en poco tiempo. Pero durante el período que dure, deberá evitarse las sustancia desencadenante de la reacción.
Si usted o su pareja son alérgicos o lo es su hijo, conviene que tengan en cuenta los siguientes consejos para tratar de evitar o al menos de retrasar sus efectos.

- El recién nacido no deberá ser alimentado durante los 4 primeros meses como mínimo, y mejor aún, durante los 6 primeros meses con proteínas distintas de las contenidas en la leche materna. Es decir, deberá amamantarle durante el mayor tiempo posible sin darle ninguna otra cosa. Especialmente en los primeros días no debe tomar nada que no sea su propia leche. Lo único que puede darle, excepcionalmente, es té con sacarosa como recurso complementario frente a posibles lagunas de nutrición.
- Los resultados de los estudios realizados muestran que cuanto más tarde se alimente el bebé con una dieta adicional más raros son los cuadros alérgicos. El límite al respecto es el sexto mes. A partir de esa edad la alimentación complementaria no sólo es conveniente sino importante.

- El peligro de una reacción alérgica aumenta cuanto más amplio es el abanico de alimentos que integran la dieta. Por lo tanto, es preferible privar de momento a su bebé de una alimentación demasiado variada. Dele preferentemente patatas, zanahorias, manzanas y plátanos. En cuanto a los cereales, limítese de momento a los copos de arroz y posteriormente dele también copos de avena. No le cambie el tipo de biscottes que haya empezado a darle y mantenga su programa alimentario hasta que su bebé haya cumplido los nueve meses. A partir de esa edad podrá ampliarlo con otros productos complementarios.
- Es preciso ser especialmente precavidos con los alimentos ricos en proteínas: nueces, claras de huevo, leche de vaca, productos lácteos en general, chocolate, pescado y soja, y lo mismo cabe decir del tomate y del zumo de limón.
- Si no tiene usted leche suficiente para amamantar a su bebé y sospecha que puede ser alérgico, aliméntele preferentemente a base de leche especial para recién nacidos sin leche de vaca.

Celiaquia

La celiaquia es una alergia — en parte hereditaria— al gluten proteico. Este gluten se encuentra principalmente en los cereales (trigo, centeno, avena, cebada), por lo que la enfermedad puede surgir ya en los primeros meses de su bebé. Cuando un niño tiene celiaquia, se deteriora su mucosa intestinal por el contacto con el gluten y su digestión deja de funcionar: pierde peso, su vientre se hincha, las heces son voluminosas, fétidas y blanquecino-grasientas.
Estos síntomas desaparecen por completo en cuanto se elimina el gluten de su alimentación.
- En todo caso, críe a su bebé sin gluten hasta el sexto mes, ya que hasta esta edad la celiaquia

Pequeños comensales, grandes problemas

es muy peligrosa. Esto significa tachar de su dieta el trigo, la avena, la cebada, el centeno. En su lugar puede darle leche o papillas para bebés, maíz, mijo y mezclas de harina exentas de gluten.

● A partir del sexto mes puede introducir trigo en su plan alimentario para así poder descartar que su hijo tenga celiaquia, pues a esa edad ésta ya no es peligrosa.

● En caso de presentarse síntomas de la enfermedad, deberá criarle con productos exentos de gluten durante varios años. A veces es preciso renunciar a su consumo para siempre. En los establecimientos dietéticos, previa consulta con su médico, le informarán sobre los productos existentes en el mercado para tales casos (sobre todo en cuanto al tipo de pan adecuado).

● Críe usted misma a su bebé durante el mayor tiempo posible. Los resultados de los estudios realizados han puesto de manifiesto un receso de la celiaquia mediante la prolongación e intensificación de la lactancia con leche materna.

La esterilización

En el primer año el bebé, la higiene más estricta en la preparación de sus comidas es fundamental. Su estómago no puede destruir todas las bacterias, por lo que el peligro de infección es importante. Tanto el biberón como tetilla deberán lavarse a fondo con agua corriente y luego esterilizarse.

Actualmente existen en el mercado unos aparatos especiales para esterilizar biberones, sumamente prácticos. Pero también puede utilizarse la olla exprés siguiendo las instrucciones del fabricante.

● Reserve un lugar limpio para guardar los biberones. Preferentemente dentro de un armario.

La cocina sana para el bebé

La comida del bebé no sólo ha de ser sana. También debe ser adecuada a su edad.
- El bebé tiene los nervios gustativos mucho más delicados que un adulto, lo cual le hace más sensible a la sal, los condimentos, la contextura de los alimentos.
- Un bebé no puede masticar.
- Un bebé come menos que nosotros, pero en proporción a su talla debe ingerir mayores cantidades de alimento que un adulto.
- Un bebé necesia tomar más cantidad de líquido que una persona mayor, su sensación de sed es mayor.
- Por todas estas razones, un niño come siempre más despacio que un adulto. Pero usted puede facilitarle las cosas. En primer lugar, procurando que su menú le resulte apetecible. Recuerde que los niños tienen ya muy desarrollado el sentido de los colores. En cuanto a su condimentación, sustituya la sal por finas y aromáticas hierbas. Y en cuanto a la textura de los alimentos, observe sus reacciones y ofrézcale la que parezca que más le gusta.

Cómo reducir las sustancias nocivas

Como regla general, todos los alimentos deben lavarse a fondo. Si tienen piel, es preferible pelarlos. Si tienen hojas, deberá desechar las de fuera.
La piel de muchos alimentos pueden contener sustancias nocivas tales como metales pesados procedentes de la contaminación del aire, de los pastos o del agua.
Un buen aporte de hierro ejerce una función protectora interna y reduce la absorción de metales pesados.
- El plomo se encuentra principalmente en el hígado de vaca y de ternera, en las verduras y tubérculos, en diversas especies de setas y bayas. Las cañerías de plomo pueden ocasionar su presencia en el agua potable (páginas 12 y 23). Lavando y pelando los alimentos puede eliminarse entre el 30 y el 70% del plomo que haya podido depositarse en ellos.
- El cadmio se encuentra principalmente en los riñones de vaca y de cerdo, en el hígado, en las setas silvestres y en los moluscos. Con la cocción solamente se elimina entre un 10 y un 15% del cadmio debido a su repartición homogénea por todo el producto.
- El mercurio se deposita sobre todo en los riñones y el hígado de cerdo y en el hígado de liebre. En cuanto al pescado, a los que más afecta es el atún, la anguila, el bacalao. En consecuencia: no comer riñones ni hígado más que cada 15 días y preferentemente, de ave.
- Hoy en día también pueden detectarse en la carne ciertos vestigios de fármacos no permitidos. Nunca compre, por lo tanto, carne que no ofrezca el máximo de garantía sanitaria.
- El nitrato es una sustancia natural. En la página 24 encontrará explicado el modo de reducirla.
- El ácido oxálico también es una sustancia natural contenida en las espinacas, el ruibarbo, la remolacha. Absorbe el calcio del organismo, por lo que siempre deberá combinar estos productos con otros alimentos ricos en calcio (productos lácteos).
- La solanina se encuentra en las zonas verdes de la superficie de las patatas y los tomates, por lo que dichas zonas deben ser eliminadas antes de cocer el producto. La solanina es tóxica.
- Todo tipo de alimento asado, parrillado o a la plancha es improcedente en la alimentación infantil durante el primer año. Los benzipirenos que se forman al prepararlos por tales procedimientos son extremadamente perniciosos y el sabor característico del asado es demasiado fuerte para el niño.
- Tampoco deben figurar en la dieta infantil los productos en salmuera o ahumados (embutido, jamón, etc.).

La cocina sana para el bebé

A partir del primer mes

Significa siempre, a partir de la cuarta semana. Por lo tanto, a partir del segundo mes significa: a partir de las ocho semanas. Y así sucesivamente.

El mejor método de cocción

Los alimentos deben ser rehogados o cocidos con poco líquido y a fuego moderado. Si se rehogan, deberá hacerse con poca mantequilla o poco aceite. Y si se cuecen conviene hacerlo en un recipiente con tapa, pues las vitaminas no sólo son sensibles al calor sino también al aire y la luz. Otro método de preparación recomendable es la cocción en papel de aluminio.
También cocinando con olla exprés o con microondas se conservan al máximo las sustancias nutritivas de los alimentos.

El condimento adecuado

La sal está totalmente prohibida en el primer año. Por lo tanto, no cometa el error de condimentar la comida del bebé conforme a su propio gusto. El paladar del bebé es muchísimo más sensible. Condimente con finas hierbas frescas y no olvide que la propia mantequilla y los aceites de semillas tienen su propio condimento. También puede variar convenientemente el sabor añadiéndole a la papilla un poquito de plátano, zumo de naranja o una fresa, para que resulte más dulce. Pero no olvide que su niño debe acostumbrarse también al sabor de las patatas, las zanahorias, la coliflor, etc., sin ningún aditamento.

La consistencia o textura de la comida

El grado de consistencia de las papillas es muy importante. Los purés finos permiten al intestino infantil una mejor asimilación de las sustancias nutritivas. Para obtener los mejores resultados conviene usar una batidora-picadora eléctrica, de mesa o de mano. También es práctico el pasapurés con manivela, aunque no tan eficaz. Con los accesorios adecuados, la batidora sirve también para picar y triturar, aunque a veces las cuchillas pueden dejar algún trocito que otro sin picar bien del todo.

Especialmente a partir del sexto mes, tanto la batidora de mesa, como la batidora-picadora de mano e incluso el pasapurés son accesorios sumamente prácticos.

A partir del segundo año, la textura no debe ser demasiado fina, para que el niño se vaya acostumbrando a masticar. Por lo general, es suficiente con aplastársela con un tenedor. Hacia el final del primer año ya puede empezarse a darle de comer cosas finamente cortadas.

Como ahorrar tiempo y dinero

Los alimentos conservados como reserva

Cuando las porciones van siendo mayores, puede preparar pequeñas comidas y conservarlas en el congelador o en el departamento para congelar de un frigorífico de 4 estrellas. En este libro encontrará varias recetas para esta cocina de reserva, especialmente prácticas para la papilla de verdura y carne de mediodía. La mezcla de verdura deberá congelarla por separado, sin la carne. De esta forma podrá variarla con otros ingredientes como, por ejemplo, con hígado o yema de huevo. Para ocupar el menor sitio posible, resultan prácticas también verduras congeladas en bolsa sellada que luego se descongela introduciéndola en agua caliente. El puré de carne se debe congelar primeramente en el molde de cubitos de hielo. Luego se sacan los cubitos y se guardan en el congelador en un recipiente adecuado. También resulta sumamente práctico congelar finas hierbas para cuando queramos añadírselas a algún puré. El puré descongelado deberá cocerse en todo caso. También puede utilizarse el microondas. La congelación permite aprovechar las ofertas y disponer de productos prácticamente «frescos» siempre que se quiera.

La cocina combinada

Cuando el bebé está próximo a cumplir un año, su menú puede incluirlo ya en su plan alimentario. En el capítulo «Cómo adaptar para el niño el menú de los adultos», encontrará recetas adecuadas para platos de los que podrá separar sin problemas la porción correspondiente para el bebé. De esta forma no tendrá necesidad de cocinar por duplicado. El niño podrá ya sentarse a la mesa en su silla y no tendrá que pasarse ganas de comer lo que se haya servido en su plato.

Lo nutritivo no tiene por qué ser caro

Para procurar a su hijo una alimentación sana y equilibrada no es necesario recurrir a los productos más caros del mercado. Con los alimentos básicos es suficiente: leche fresca, patatas, copos de avena, sémola, fruta y hortalizas de la temporada. En los supermercados encontrará los mejores aceites e incluso productos integrales. Los yogures con distintos sabores lo único que hacen es elevar el precio y en nada mejoran su calidad. Es preferible comprar yogur natural y añadirle usted misma la fruta que desee, en forma de compota o mousse. Además de resultar más sabroso es más sano. Los flanes de sémola son fáciles de preparar y puede endulzarlos a su gusto. Los que se compran suelen tener demasiada azúcar. En cuanto a la fruta, nada de conservas: siempre la fruta fresca propia de la estación. Todo esto, en realidad, está fuera de lugar en el caso de que usted misma críe a su bebé, pues durante los 4 primeros meses la leche materna es cuanto él necesita. Pero si no le basta con el pecho, deberá decidir cuanto antes cuál ha de ser su alimentación alternativa, para, una vez establecida, continuarla con el mismo tipo de leche. Lo mejor es, en tal caso, consultar al pediatra.

La alimentación hasta el cuarto mes

Lo ideal es la leche materna

No nos cansaremos de repetirle: no hay alimento mejor para el recién nacido que la leche materna. Su composición es óptima para su desarrollo y se distingue de la leche de vaca en varios puntos decisivos.

● Su contenido en sustancias minerales es inferior y se corresponde plenamente con la capacidad de funcionamiento de los riñones. Su dosificación exacta excluye además cualquier otro tipo de inconvenientes. Por ejemplo, la ingestión excesiva de calcio con el consiguiente endurecimiento de la deposición del bebé.

● La leche materna contiene más vitaminas A y C que la de vaca, a la cual hay que añadírsela cuando ella es la base de la lactancia.

● También contiene mayor cantidad de ácidos grasos no saturados, componentes de la hormona hística.

● Sus proteínas son más digerible para el recién nacido que las de la leche de vaca.

● Contiene el azúcar suficiente para la mejor fermentación de la flora intestinal para el mantenimiento de la deposición blanda y, al mismo tiempo, para estimular la digestión.

● Las encimas digestivas contenidas en la leche materna se activan en el organismo del bebé.

● El contenido de hierro es superior al de la leche de vaca y el bebé lo asimila mejor.

● La composición de la leche materna no es homogénea desde el principio, sino que hasta el cuarto o el sexto día se forma en ella el llamado calostro, una especie de leche previa especialmente apta como reconstituyente del recién nacido.

● La leche materna contiene anticuerpos que además pasan directamente a la sangre del bebé a través del estómago y el intestino con los que se refuerzan sus defensas.

● Su contenido en grasas es inferior, lo cual se traduce en una mejor digestión.

● En cambio, su contenido en proteínas y sales minerales es algo más elevado. De esta forma al ingerirla, incluso en cantidades pequeñas, el recién nacido obtiene los nutrientes vitales. Las cantidades que el bebé necesita diariamente son mínimas: de 10 a 20 ml, es decir, 2 ó 3 cucharadas de leche. Y, no obstante, son suficientes y decisivas para su desarrollo óptimo. Por otra parte, al darle el pecho regularmente durante los primeros días, evita la contención de la leche en el pecho materno al mismo tiempo que estimula su secreción. En las primeras 2 ó 3 semanas, la leche sufre una transformación y adquiere su composición definitiva.

La cantidad de leche que el bebé necesita diariamente aumenta con rapidez:

Edad	Cantidad de leche ml diarios
1 semana	200 a 300
2 semanas	450 a 600
3 semanas	500 a 650
4 semanas	550 a 700
5 semanas	600 a 750
6 a 7 semanas	700 a 850
8 semanas	720 a 870
9 a 14 semanas	750 a 900
15 semanas	750 a 850
16 a 26 semanas	650 a 800

La cantidad final suele ser suficiente para todo el cuarto mes e incluso, a veces, para el sexto, pues el bebé necesita relativamente pocas calorías para su crecimiento progresivo. A partir del sexto mes, la leche materna ya no es suficiente para proporcionarle las calorías necesarias, por lo cual es preciso alimentarle adicionalmente (100 ml de leche materna contienen 295 kJ/70 kcal). En tiempos pasados se controlaba la cantidad ingerida pesando al bebé diariamente. Hoy sabemos que no es necesario. Con pesarle una vez a la semana es suficiente para controlar su desarrollo. Para una mejor orientación puede consultar la gráfica de la página 9. Siempre que

La alimentación hasta el cuarto mes

las variaciones no sean considerables, no hay por qué preocuparse. Lo normal, en términos generales, es que su bebé engorde unos 200 g por semana durante los primeros seis meses.

¿Qué tipo de leche es mejor?

La única persona que puede aconsejarle acertadamente sobre el mejor modo de alimentar a su hijo y sobre los productos que más le convienen es el pediatra. Por eso los datos referentes a su composición también están destinados a él. El pediatra sabe además cuáles son las recomendaciones contenidas en el *Código Internacional de Comercialización de Sucedáneos de leche materna* (CODEX) y las de la OMS *(Organización Mundial de la Salud)*. En general, las diferentes marcas de leches, tanto para la 1ª edad (leches de iniciación) como para la 2ª edad (leches de seguimiento) como leches de sustitución de la leche materna, responden a las necesidades de la mayoría de los bebés. No obstante, conviene insistir en el papel importante que corresponde al tipo de agua con que se prepare y reconstruya cualquier tipo de leche en polvo: el agua debe ser poco mineralizada, pobre en nitratos, poco o nada salada y de buena calidad bacteriológica, por lo que si ha de usar agua del grifo, conviene informarse de su composición, aunque ya el médico le indicará si ésta o aquélla es o no indicada.

Otro factor importantísimo es el de la higiene. Por supuesto que todas las leches en polvo que se encuentran a la venta carecen de todo tipo de contaminación bacteriológica. Pero eso no basta. El cuidado de la madre a la hora de preparar el biberón (véase «Esterilización» pág. 29) es fundamental. En caso de alergia a la leche de vaca, la única alternativa es alimentar al bebé con un producto exento de este tipo de leche. Existen algunas marcas de leche a base de soja para tal uso. Pero esto no quiere decir que la leche de soja pura sea adecuada para la alimentación del bebé. Al contrario, este tipo de leche carece de importantes sustancias minerales y vitaminas y la proporción de los elementos nutrientes no se corresponde con sus necesidades. De todas formas insistimos en que es el pediatra quien debe determinar cuál ha de ser la alimentación del bebé en sustitución de la leche materna: el alimento ideal, como ya hemos dicho tantas veces.

La leche preparada en casa

El recién nacido no tolera aún la leche de vaca pura, pero sí en forma diluida. Si desea prepararle usted misma su biberón a base de leche de vaca, deberá rebajarla y añadirle fécula, azúcar y aceite. Los pediatras no son partidarios de este tipo de leche en los primeros meses debido a sus inconvenientes:
● La dosificiación en cantidades tan pequeñas es difícil de lograr en casa.
La leche debe ser homogeneizada, es decir, batida brevemente con una batidora eléctrica, para que las partículas de grasa se repartan reducidas lo más finamente posible.
● Los ingredientes deben ser frescos y totalmente exentos de contaminación bacteriológica, es decir, totalmente esterilizados, al igual que los recipientes en que se preparen.

Si no cría a su hijo puede preparar usted misma una leche adaptada. Las fotos nos muestran (de izquierda a derecha) los ingredientes: Se hace una papilla-base con agua y copos de arroz, a la que se agregan la leche, el azúcar y el aceite. Es muy importante mezclar bien todos los ingredientes con unas varillas o batidora eléctrica. Echando unas gotas sobre la mano veremos si la temperatura es la adecuada. Receta en la página 37.

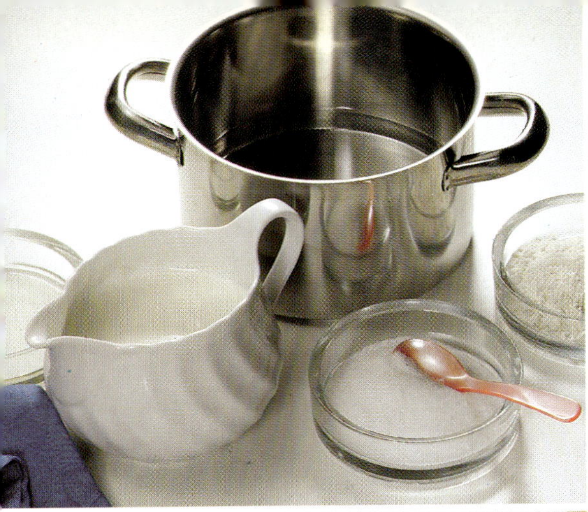
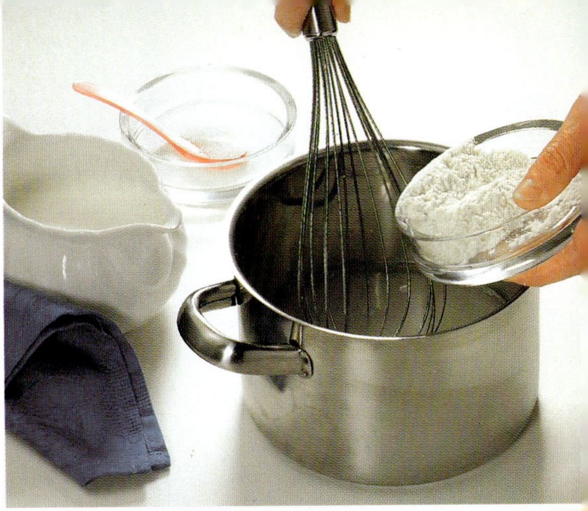
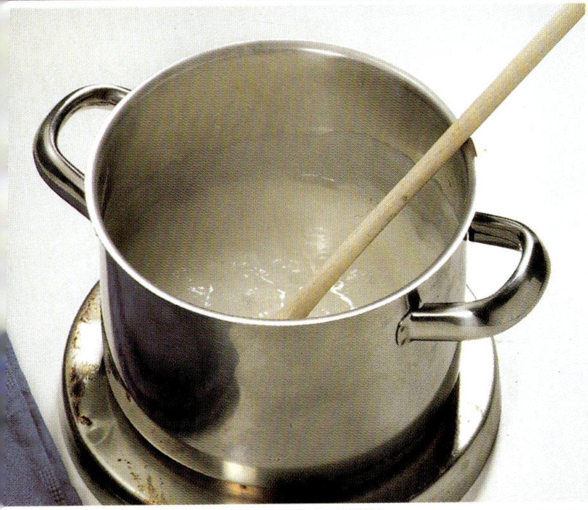
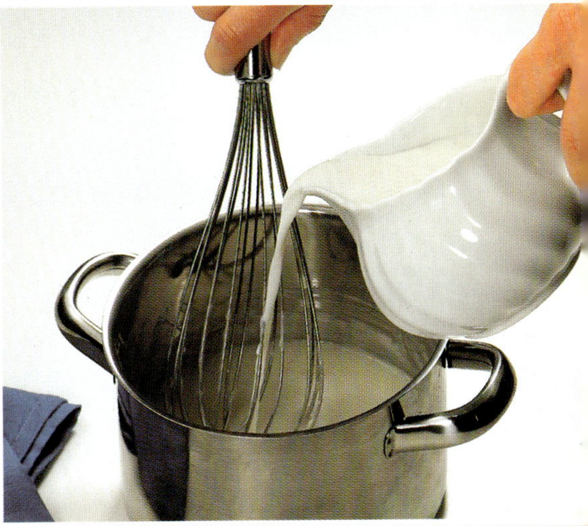
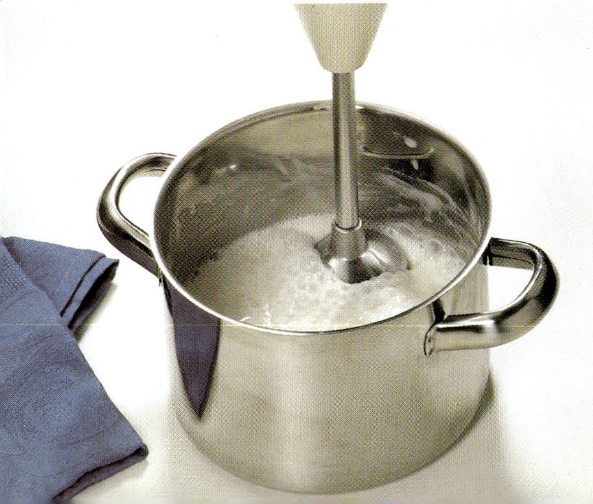
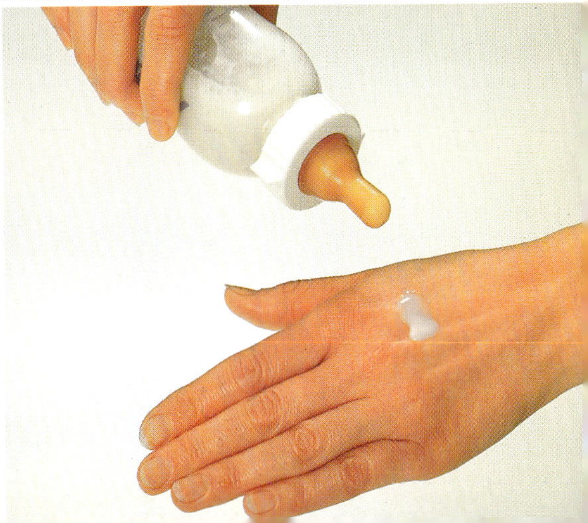

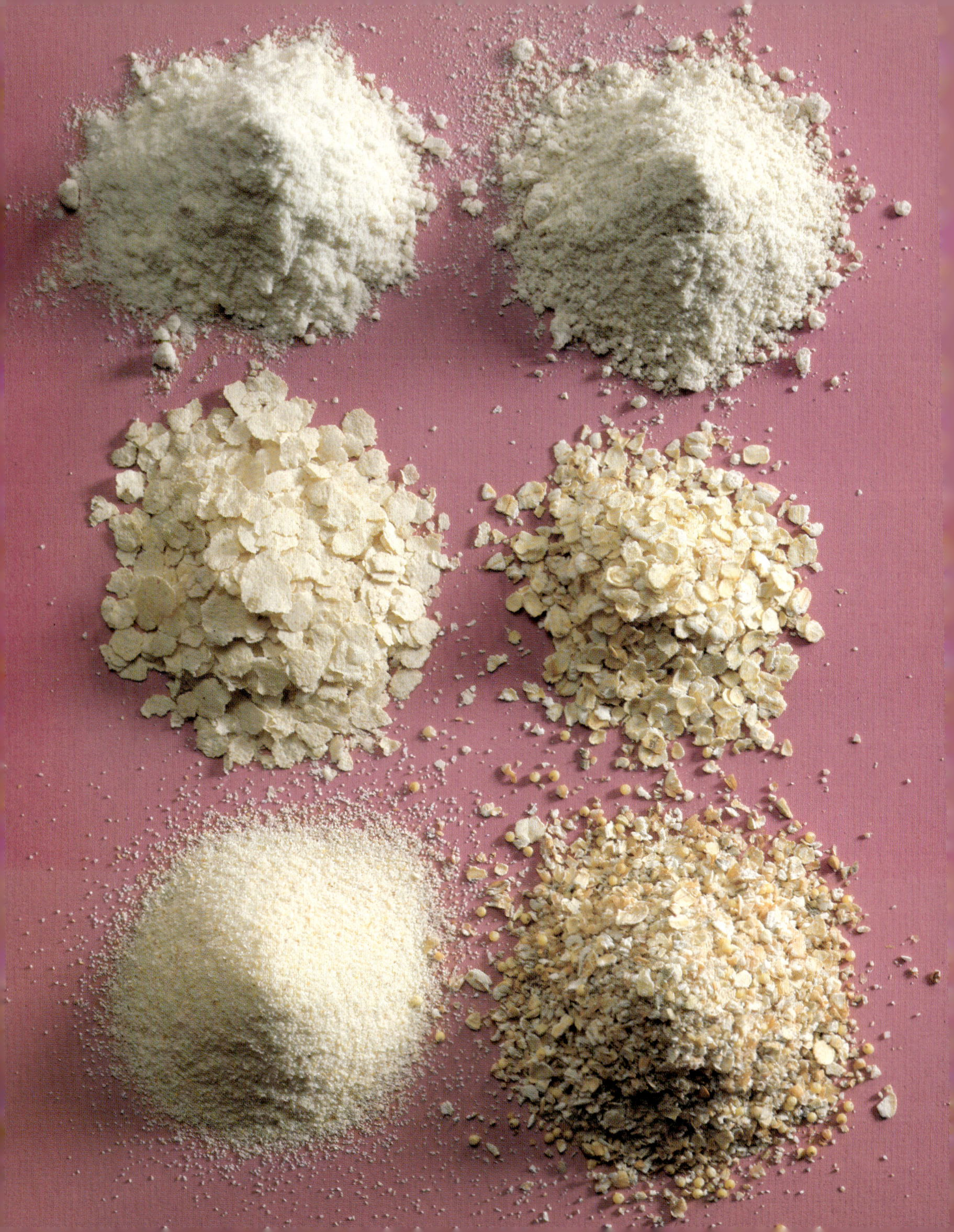

La alimentación hasta el cuarto mes

● La leche preparada en casa contiene pocas vitaminas, por lo que a partir de la sexta semana es preciso dar al bebé, adicionalmente, jugo de zanahoria (vitamina A) y, a partir del segundo mes, zumo de manzana (vitamina C) con una cuchara. Poco a poco es preciso ir aumentando las cantidades hasta 6 u 8 cucharaditas diarias hasta que su bebé comience a tomar papilla de modo regular como alilmentación complementaria.

Mi consejo:
Precisamente los actuales biberones de plástico son malos conductores del calor (el recipiente propiamente dicho siempre está más frío que su contenido), por lo que de nada sirve probar la temperatura en el antebrazo. Es preciso verter unas gotas en el dorso de la mano y si tiene la sensación de que la leche está a una temperatura agradable, ya puede proceder a dársela al bebé. El orificio ideal de la tetilla es el que, al volcar el biberón, deja caer 1 gota por segundo.

● Los niños con problemas de alergia en familia coren un mayor riesgo a causa de la leche de vaca y de la alimentación precoz asistida.
Pero si nada hay que permita pensar en una predisposición alérgica en la familia y usted decide tomarse la molestia de preparar por sí misma el biberón a base de leche de vaca, puede atenerse a la siguiente receta. Para facilitarle el trabajo y por mayor seguridad, le recomiendo

◁ Muy importante para la preparación de los alimentos del bebé es la utilización de los copos adecuados. La foto nos muestra de arriba a la izquierda a abajo a la derecha papilla de arroz integral, alimento integral infantil de 7 cereales, copos blandos, copos de avena, sémola integral y cereales integrales triturados. Ver texto en esta página.

que pese las cantidades con una balanza y luego determinar el equivalente en cucharadas. De este modo podrá dosificar en lo sucesivo los copos, el azúcar y el aceite sirviéndose siempre de la misma cuchara.

La primera leche adaptada
(hasta el sexto mes)
Foto pág. 35

Ingredientes para 1 toma:
100 ml de agua - 7 g de copos de arroz o fécula - 100 ml de leche pasteurizada (3,5% de grasa) - 7 g de azúcar - 3 g de aceite de semillas
Aproximadamente 600 kJ/140 kcal
3 g de proteínas - 7 g de grasa - 18 g de hidratos de carbono

● Tiempo de preparación: unos 10 minutos.

<u>Se prepara así</u>: Poner el agua en una cazuela y añadir los copos de arroz, removiendo. Llevar a ebullición y dejar cocer 2 ó 3 minutos. Retirar la cazuela del fuego y añadir la leche batiendo. Añadir el azúcar y el aceite y batir fuertemente a mano o con el batidor eléctrico. Rellenar el biberón. Probar en la mano la temperatura.

Tipos de cereales, azúcar y leche

Precisamente las mujeres que prefieren preparar ellas mismas el alimento lácteo acusan una especial predilección por la miel, la melaza, la leche servida en casa por el lechero, los cereales molidos en casa. Pero lo cierto es que todos estos productos alimenticios son sumamente peligrosos para el recién nacido por contener

La alimentación hasta el cuarto mes

demasiados elementos nutricionales, demasiadas sustancias aromáticas y demasiada fibra para su aparato digestivo aún no desarrollado plenamente. Por otra parte, la leche cruda es preciso hervirla a fondo, con lo que se destruyen muchas más vitaminas que por el procedimiento de pasteurización.

Por tanto, la leche deberá estar siempre pasteurizada, con un 3,5% de grasa. No utilice jamás la leche restante de un envase ya abierto el día anterior. Use exclusivamente productos cereales sin gluten, es decir, fécula o copos de arroz. Endulce solamente con azúcar refinada (sobre los efectos de los diferentes tipos de azúcar). No use nunca aceites prensados en frío, pues contienen impurezas (peróxidos) que pueden reblandecer la deposición. Use preferentemente aceite de girasol o de maíz que, además, son los de sabor más neutralizado. En cuanto al agua, véase lo apuntado en las páginas 12 y 24.

Nada de dietas crudas

El recién nacido no tolera los cereales frescos, ni en puré ni en papilla. Ni siquiera puede digerirlos. Las verduras crudas tampoco son adecuadas para su edad. Lo único que admite, a partir del cuarto mes, es la fruta sin piel y debidamente triturada. En forma de zumo o jugo sin fermentar puede tomar fruta a partir de la sexta semana.

En los círculos estrictamente vegetarianos se recomienda la leche de almendra en sustitución de la leche materna. Pero este tipo de leche no cumple en absoluto las necesidades del bebé, ya que contiene poco calcio, carece de proteínas animales (ciertos aminoácidos solamente se dan en la proteína animal), tiene poco hierro y está exenta de vitamina B_{12}. Cualquier tipo de alimentación a base exclusivamente de leche de almendra supone poner en peligro la salud del bebé. Y lo mismo puede decirse de los sustitutos de la leche por papilla de cereales y agua.

Lo que el bebé necesita

Teóricamente, toda madre sabe cómo tratar a su hijo, pero en la práctica nadie sabe cómo se va a desarrollar su convivencia con él. Pasados los primeros apuros de la inexperiencia, la relación madre-bebé se va desarrollando por sí misma. No obstante, aunque sobre este particular no existen reglas concretas de comportamiento, algunas sugerencias de tipo general tan vez puedan facilitar las cosas.

Alimentación regulada o a discreción

Hubo un tiempo en que el mayor orgullo de toda madre era haber conseguido acostumbrar a su hijo a un horario fijo para mamar o tomar sus biberones. Es evidente que de esa forma resulta mucho más fácil organizarse, pero los pediatras modernos rechazan de plano tal procedimiento. No puede ser bueno para el bebé despertarle en lo mejor de su sueño para darle el biberón de turno, o dejarle que llore cuando tiene hambre hasta que sea la hora prevista. El recién nacido necesita por lo menos de 4 a 6 semanas para encontrar su propio ritmo y poder distinguir entre el día y la noche. Precisamente el momento adecuado de mamar o tomar el biberón es lo que hace posible adaptarse a sus necesidades. En lugar de establecer un horario fijo, déjese llevar por su instinto maternal y trate con sus cuidados y su cariño de sincronizar con él en su ritmo particular. Por supuesto que no

La alimentación hasta el cuarto mes

debe interpretar siempre sus lloros como un signo de hambre, todo es cuestión de un poco de paciencia. En todo caso no intente demasiado pronto acostumbrarle a hacer exactamente 4 comidas diarias, pues incluso puede ocurrir que con tanta exactitud acabe por pasar hambre.

Cuando la leche materna es insuficiente

Mientras dura la estancia en la clínica, la leche materna suele ser suficiente para amamantar al bebé. El problema suele presentarse luego, al volver a casa. La segunda fase se inicia con la sexta semana en la que el apetito del recién nacido aumenta por momentos. En el libro titulado *«Embarazo y lactancia»* publicado por esta misma editorial, encontrará usted todo lo referente a la alimentación del bebé durante este último período. Un factor importante sobre el particular es poder dedicarse plenamente y sin tensiones a su cuidado, por lo que toda ayuda por parte de su marido o de algún familiar siempre resultará altamente positiva. Si tiene la sensación de que su leche no es suficiente, proceda de inmediato a alimentar a su hijo adicionalmente con leche de sustitución, pues lo único que conseguirá es que su propia «producción» disminuya, ya que ésta depende de la demanda por parte del lactante: cuanto más mama el niño, tanto mayor es la cantidad de leche producida por la madre.
● Dele de mamar alternativamente de ambos pechos.
● Dele el pecho siempre que tenga hambre. Si es preciso téngalo en la cama con usted.
● Tenga confianza en sí mismo. Nada de pesimismo. Verá como todo se va resolviendo satisfactoriamente.
● Lea algún libro serio sobre lactancia. Cambie impresiones con las amigas que hayan pasado por una situación análoga. Esto puede serle de gran utilidad.

El eructo

El bebé al tragar la leche traga también gran cantidad de aire que de algún modo ha de expulsar después, ya que de lo contrario no tardará en devolver lo que ha tomado o se le formarán flatos.
● Colóquele con la cara hacia uno de sus hombros (cubierto con un pañuelo o un babero) y dele unos golpecitos en la espalda al mismo tiempo que da unas vueltas por la habitación.
● Déjele eructar mientras mama, sobre todo al cambiar de pecho.

La alimentación desde el cuarto al octavo mes

Hasta ahora su bebé sólo ha necesitado leche para allimentarse. Pero entre el cuarto y el sexto mes la leche ya no es suficiente: ha llegado el momento de darle su primer complemento, su primera papilla. Según los pediatras, éste debe suministrársela a partir del cuarto mes para cubrir así sus necesidades de hierro. Pero si le está criando usted misma, no es preciso ser tan exactos. Lo que cuenta es el propio apetito de su bebé. Cuando compruebe que van en aumento, habrá llegado el momento de sobrealimentarle, lo cual lo mismo puede ocurrir en el quinto que incluso en el sexto mes.

Si hasta ahora le ha dado el pecho exclusivamente y desea destetarle poco a poco, no es necesario recurrir de inmediato a los productos industriales. Si lo prefiere, puede prepararle usted misma su primer biberón (véase «La primera leche adaptada», página 37), a menos que como ya se ha advertido, exista el peligro de alergia a la leche de vaca por condiciones hereditarias.

El esquema de la página 8 muestra el ritmo a seguir durante el primer año: sustituyendo cada mes una toma de leche.

Comience dándole una papilla de verdura con carne, que es la más adecuada para el aporte de hierro. Luego dele la toma de la noche (en realidad ésta no debería consistir sino en un biberón de mayor concentración que le ayude a dormir de un tirón durante toda la noche). En la última fase, la toma del almuerzo se sustituye por una papilla sin leche a base de cereales y fruta. Después del cuarto mes, su bebé tomará leche solamente por la mañana, el resto de las comidas habrán cambiado.

Lo que el bebé tolera a esta edad

A partir del cuarto mes la fécula y los copos de arroz pueden ser sustituidos por copos de avena, con lo que se elevará en su dieta el contenido en importantes vitaminas del grupo B, en proteínas vegetales y en fibra. También en esta edad el niño tolera perfectamente las zanahorias y los plátanos. Para los primeros intentos con la cuchara nada mejor que un puré de uno de estos productos. Mientras las cantidades sean pequeñas, puede darle un potito de zanahorias o zanahorias tempranas en frasco de cristal. De esta forma tendrá la certeza de que su contenido en nitrato no supera los valores límite y, además, le resultará más rentable que cocinarlas usted misma. Compruebe que no tengan azúcar y una vez abierto el envase no lo tenga en la nevera más de un día. En cuanto el bebé coma ya papillas normales de zanahoria, deberá empezar a darle regularmente papillas de cereales preparadas por usted misma. También puede darle verduras suaves como colinabo, hinojo, lechuga, espinacas. A partir del sexto mes ya puede añadirle leche entera y cereales integrales molidos en casa.

El aumento de peso del bebé a partir del sexto mes se produce a ritmo más lento que antes: unos 100 g a la semana, por término medio.

Almuerzo: verdura

Empezando por la comida del mediodía, mientras el bebé mama, conviene que le dé primeramente varias cucharadas de puré de zanahoria. En el curso de 1 ó 2 semanas deberá subir la dosis hasta 100 g y añadirle 50 g de patata. ESte será el momento de decidir si preparará usted misma la papilla de verdura. Poco a poco podrá ir variando el tipo de verduras, pero no deberá hacerlo con demasiada frecuencia. Lo importante es que 6 veces por semana tome como mínimo 20 g de carne y 1 vez yema de huevo mezclados con la papilla. Cada 2 semanas, en lugar de carne puede darle una vez hígado. En el capítulo «Platos conservados de reserva» (pág. 67) encontrará

La alimentación desde el cuarto al octavo mes

instrucciones para la receta básica que puede preparar y congelar después. Esto le facilitará el trabajo y evitará la introducción de demasiados cambios en la dieta.
En la secuencia de fotografías en color de la página 17 se explica paso a paso el modo de preparar la primrea papilla. El mismo esquema sirve para cualquier otra receta. La indicación que figura en cada una de ellas «a partir del... mes» se refiere a la edad en que el niño puede tolerarla, no significa, por lo tanto, que sea necesario incluirla en su dieta.

La primera papilla de verduras

(A partir del cuarto mes)
Foto en página 17

Ingredientes para 1 porción:
1 patata de unos 50 g - 100 g de zanahorias - 20 g de carne picada magra - cucharada de mantequilla (10 g)
Aproximadamente 740 kJ/180 kcal
6 g de proteínas - 9 g de grasa - 17 g de hidratos de carbono

- Tiempo de preparación: 10 minutos.
- Tiempo de cocción: 15-20 minutos.

Se prepara así: Lavar bien la patata (sin pelarla) y ponerla a cocer cubierta de agua unos 15-20 minutos. Mientras raspar las zanahorias, lavarlas y cortarlas en trozos de unos 2 cm. Ponerlas en una cazuela junto con la carne y cocer (en 3 cucharadas de agua) durante 15 minutos a fuego lento. Hacer con ello un puré fino. Pelar la patata, ponerla en un recipiente con la mantequilla y aplastarlo a mano hasta obtener un puré fino. Mezclarlo con el puré de carne y zanahoria y servir en un plato-termo donde se mantenga caliente. Si es necesario puede añadirse al puré un poco de agua hervida.

Sugerencia

Puede hacerse más rápidamente si se corta la patata en trozos y se hace puré al mismo tiempo que las zanahorias. En este caso el puré no queda tan esponjoso. No moler nunca las patatas solas, ya que resultarán pegajosas y duras.

Huevos al nido

(A partir del quinto mes)
Foto de cubierta 1

Ingredientes para 1 porción:
1 patata de unos 50 g - 100 g de zanahorias - 1 ramita de perejil - 1 cucharada de leche - 1 cucharada de mantequilla - 1 yema de huevo
Aproximadamente 920 kJ/220 kcal
5 g de proteínas - 14 g de grasa - 17 g de hidratos de carbono

- Tiempo de preparación: 10 minutos.
- Tiempo de cocción: 15-20 minutos.

Se prepara así: Lavar bien la patata y ponerla a cocer cubierta de agua durante 15 ó 20 minutos. Mientras, raspar las zanahorias, cortarlas en trozos, echarlas en un cazo con 3 cucharadas de agua y dejarlas hervir a fuego lento durante unos 10 minutos. Lavar el perejil y picarlo (sólo las hojas). Pelar la patata cocida y pasarla por el prensapatatas.
Mezclar el puré obtenido con la leche y la mantequilla y formar con ello una corona alrededor del plato-termo. hacer un puré con las zanahorias y rellenar con él el centro del plato. Formar un hueco en el centro y colocar la yema salpicada de perejil.

La alimentación desde el cuarto al octavo mes

Los purés resultan más ligeros y esponjosos si se pasan primeramente las patatas cocidas por un prensa-purés y luego se mezclan con el resto de los ingredientes.

Papilla suave de espinacas

(A partir del sexto mes)

Contrariamente a lo que suele creerse, a muchos niños les encantan las espinacas. Poseen un elevado contenido en hierro, magnesio, vitamina C y ácido fólico, pero, por otra parte, también contienen bastante nitrato. Conviene, pues, quitarle siempre los tallos y elaborar minuciosamente las hojas, no mantenerlas retiradas en caliente y nunca recalentarlas.

Ingredientes para 1 persona:
1 patata de unos 50 g - 20 g de pechuga de gallina - 100 g de espinacas frescas y tiernas - 1 trocito de plátano (15 g) - 1 cucharada de aceite de semillas
Aproximadamente 720 kJ/170kcal
9 g de proteínas - 9 g de grasa - 15 g de hidratos de carbono

- Tiempo de preparación: 5 minutos.
- Tiempo de cocción: 15-20 minutos.

Se prepara así: Lavar bien la patata y cocerla 15-20 minutos a fuego lento. Mientras cortar la carne en tiras finas y cocerla en 2 ó 3 cucharadas de agua durante 8 minutos. Limpiar bien las espinacas y quitar los tallos y hojas lacias. Lavarlas y escurrirlas. Poner a hervir abundante agua, cocerlas 4 minutos y sacarlas con una espumadera. Añadirlas a la carne cocida y también el plátano con todo un puré fino añadiendo el aceite. Pelar la patata, aplastarla con un tenedor y añadirla al puré de carne. Servir en plato-termo.

Flan de espinacas con crema de leche

(A partir del sexto mes)
Foto cubierta 2

Para esta receta son también adecuadas las espinacas congeladas y picadas. No deben contener en su preparación ningún aditamento, ya que en su preparación está contenida la sal y las especias.

Ingredientes para 1 porción:
100 g de patatas - 50 g de espinacas frescas
1 huevo - 1 cucharadita de pan rallado
6 cucharadas de leche - 1 cucharadita de crema fresca - grasa para el molde
Aproximadamente 1230 kJ/290 kcal
14 g de proteínas - 15 g de grasa - 24 g de hidratos de carbono

- Tiempo de preparación: 50 minutos.

Se prepara así: Lavar bien las patatas y cocerlas con poca agua durante 20 minutos aproximadamente. Limpiar las espinacas y cocerlas en una cazuela pequeña con dos tercios de agua durante 2 minutos. Escurrirlas y hacer con ellas un puré fino. Pelar las patatas y pasarlas por el pasapurés. Mezclarlas con las espinacas, el huevo y el pan rallado. Engrasar bien un molde pequeño de flan (de unos 300 ml de contenido) y rellenarlo con el puré. Cocer al baño maría unos

La alimentación desde el cuarto al octavo mes

15 minutos. El molde debe quedar dos tercios cubierto por el agua. Volcar el flan en un plato y regar con la leche la crema, calentadas juntas previamente.

Puré suave de patata con tomates frescos
(A partir del quinto mes)

Los tomates son tan tiernos que pueden comerse desde muy temprana edad. Condición indispensable es pelarlos y quitar las semillas, así como cualquier parte verde.

70 g de patatas - 100 g de tomates maduros y carnosos - 2 hojitas de albahaca - 1 cucharada de mantequilla
Aproximadamente 620 kJ/150 kcal
3 g de proteínas - 9 g de grasa - 15 g de hidratos de carbono

- Tiempo de preparación: 5 minutos.
- Tiempo de cocción: 20 minutos.

Se prepara así: Lavar bien las patatas y cocerlas con poca agua 15-20 minutos. Escaldar los tomates unos 2 minutos, pelarlos y pasarlos por un tamiz. Lavar y picar la albahaca. Pelar las patatas, pasarlas por un pasapurés o simplemente aplastarlas con un tenedor. Mezclarlas con el puré de tomate, la albahaca y la mantequilla y servir en el plato-termo.

Puré de hinojo
(A partir del cuarto mes)

El hinojo y el comino tranquilizan el estómago y previene contra flatos. El hinojo contiene, además, mucha vitamina C y ácido fólico. Una comida ideal para niños enfermos.

Ingredientes para 1 porción:
1 patata de unos 50 g - 100 g de bulbo de hinojo - 1 pizca de cominos - 1 cucharada de mantequilla
Aproximadamente 670 kJ/160 kcal
4 g de proteínas - 9 g de grasa - 17 g de hidratos de carbono

- Tiempo de preparación: 10 minutos.
- Tiempo de cocción: 15 minutos.

Se prepara así: Lavar la patata, pelarla y cortarla en dados de 2 cm. Lavar el hinojo y picarlo. Cocerlo con las patatas (en 2 cucharadas de agua) y el comino unos 12-15 minutos a fuego lento. Retirar los granos de comino. Hacer un puré y añadir la mantequilla.

Para picar los bulbos de hinojo cortar los troncos, luego los bulbos a la mitad y finalmente en rodajas como las cebollas.

La alimentación desde el cuarto al octavo mes

Cena: papilla de leche

En el curso del quinto mes va siendo el momento adecuado para acostumbrar al niño a una segunda papilla: la papilla de leche entera y cereales. Pero pierda usted cuidado que eso no quiere decir que a partir de ahora todas las noches va a tener que librar la batalla de la cuchara. hasta que no llegue el momento de darle una alimentación más sólida (a partir del décimo mes) puede usted seguir dándole la papilla con el biberón, con las consiguientes ventajas para usted y para su hijo. La mayor parte de las recetas, a pesar de estar designadas como papillas pueden administrarse por este procedimiento, siempre que disponga de las adecuadas tetillas con el orificio apropiado. De todas formas, comprobará que hemos tenido en cuenta las dos posibilidades.

La papilla de leche entera para prepararla solamente con agua caliente puede adquirirla en el mercado con diferentes sabores. Tienen, sin embargo, el inconveniente de que suelen contener demasiado azúcar, carecen de ingredientes frescos y su sabor puede que al bebé no le resulte demasiado agradable. Por otra parte, no crea usted que se ahorra tanto tiempo por el modo de prepararla.

También hay productos preparados que hay que mezclarlos con leche fresca, pero, en el fondo, tampoco son imprescindibles. La única excepción es la de la leche preparada exenta de leche de vaca, pues en el caso de que su bebé no la asimile sí que es recomendable su consumo. De no hacerlo así se vería obligada a preparar primero la leche adecuada y luego hacer la papilla, cosa ciertamente engorrosa. Quien siga ateniéndose a antiguos consejos, tal vez opine que esta papilla de leche entera debería constituir la primera toma del plan alimentario. Hoy día se sabe que no debe ser así. El problema del aporte suficiente de hierro ha llevado a la conclusión de que en orden sea el que hemos establecido. Otro antiguo criterio movía a muchas madres a alimentar con exceso a su bebé, con el consiguiente aumento de peso por encima de lo recomendado. No obstante, si su hijo es de los que le despierta regularmente todas las noches y aún está hambriento, antes de que consiga agotarla es preferible darle la papilla de leche entera a partir del cuarto mes, aunque en una proporción de 2:1 de agua.

La primera papilla de leche entera para el biberón
(A partir del quinto mes)

Antes del quinto mes se necesitan solamente 160 ml de leche y 70 ml de agua en lugar de 200 ml de leche. Se mezclan los copos en el agua y se añaden a la leche hirviendo.

Ingredientes para 1 ración:
200 ml de leche entera fresca y pasteurizada - 20 g de copos integrales - 7 g de azúcar - 3 cucharaditas de zumo de naranja recién exprimido
Aproximadamente 980 kJ/230 kcal
9 g de proteínas - 8 g de grasa - 31 g de hidratos de carbono

● Tiempo de preparación: 10 minutos.

En el curso del sexto mes se comienza con las papillas de cereales y frutas. Las fotos nos muestran (de izquierda a derecha) los ingredientes necesarios; se calienta el agua, se vierte sobre los copos instantáneos y se preparan las frutas. Receta pág. 49.

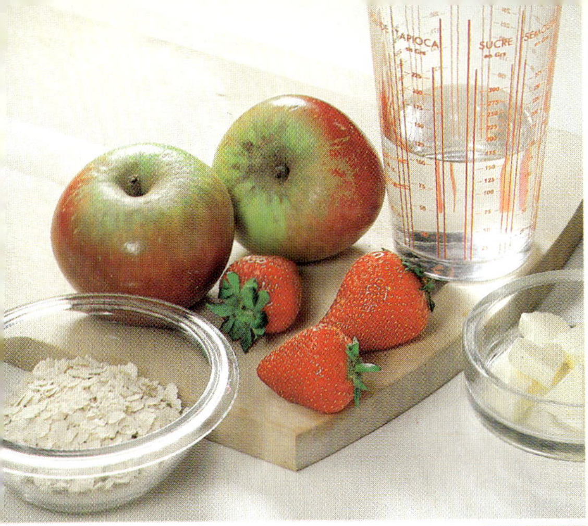
TAPIOCA
SUCRE

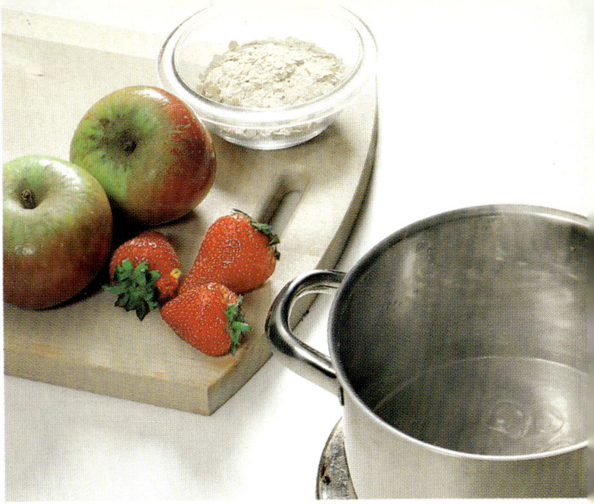

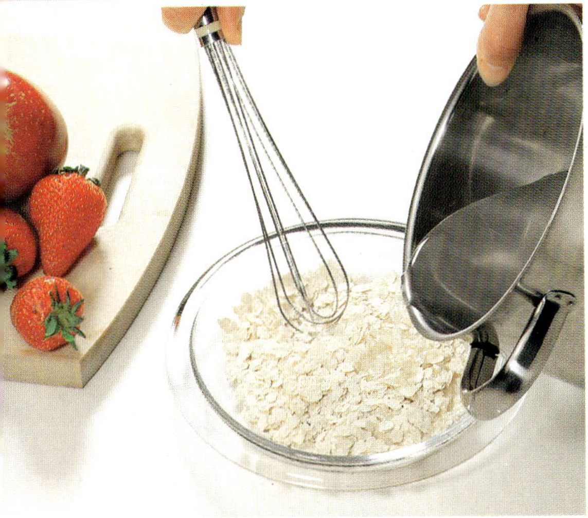

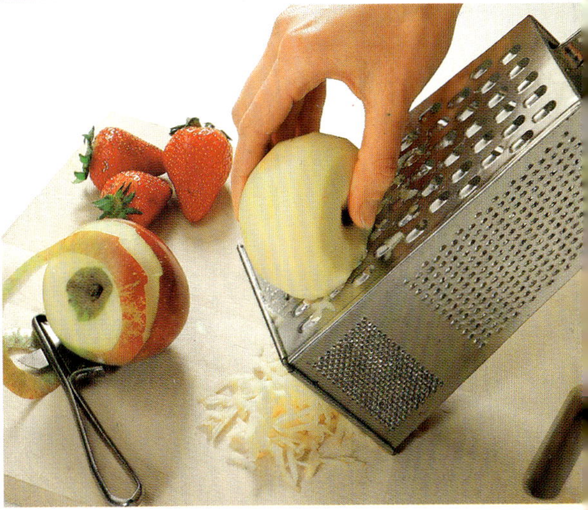

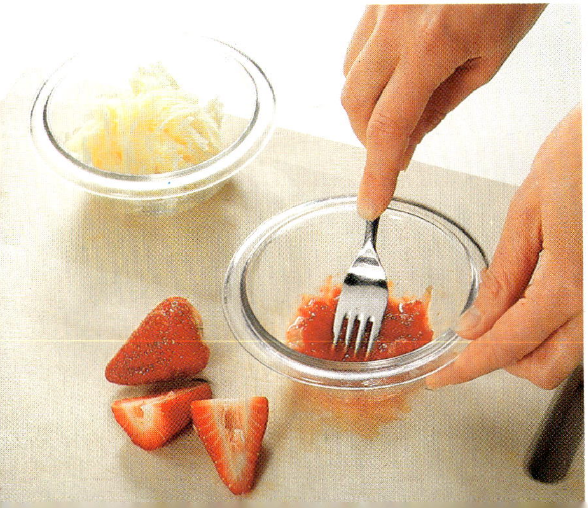

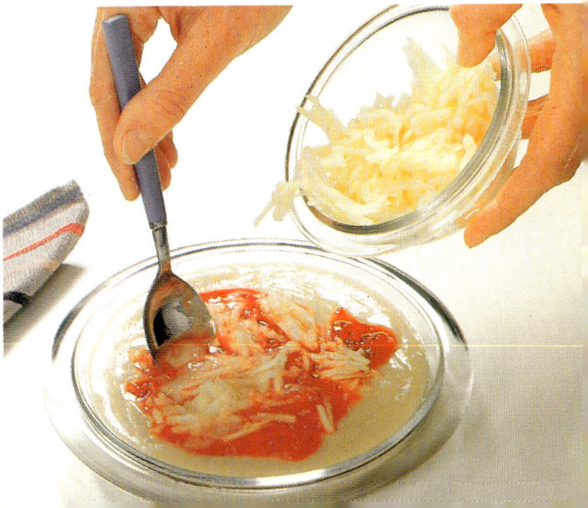

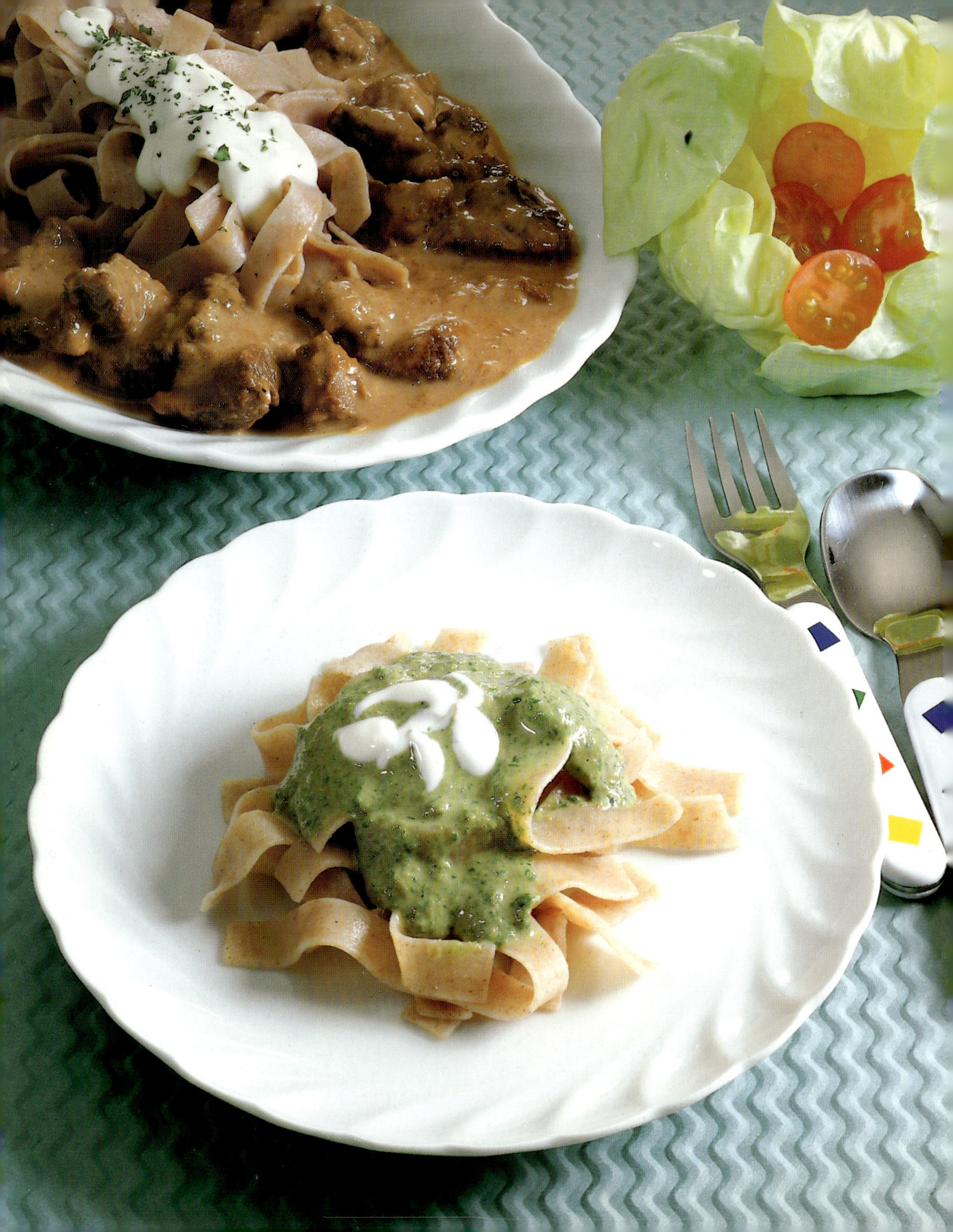

La alimentación desde el cuarto al octavo mes

Se prepara así: En un cazo mezclar la mitad de la leche con los copos y remover continuamente dejando cocer 2-3 minutos. Retirar el cazo del fuego y sin dejar de remover añadir el azúcar y el resto de la leche.

> **Mi consejo:**
> Esta receta básica puede mantenerla hasta que inicie el período de alimentación más consistente. A partir del sexto mes puede sustituir el azúcar por miel, jarabe de arce o azúcar de caña granulado. Si no quiere que su hijo se acostumbre a una alimentación demasiado dulce, puede usar también glucosa. En lugar de zumo de naranja puede usar otro zumo cualquiera o preparar adecuadamente alguna compota, por ejemplo, de plátano, manzana o fresas.

Finalmente añadir el zumo de naranja colado. Llenar el biberón y agitar bien. En este momento tiene la temperatura adecuada.

Papilla de arroz con zumo de frambuesa para el biberón
(A partir del quinto mes)

Ingredientes para 1 porción:
3 cucharadas de frambuesas congeladas - 200 ml de leche - 2 cucharadas (20 g) de papilla de arroz integral

◁ Cuando el niño empieza a crecer, ya no es necesario hacer siempre su comida por separado. Si se preparan unas gulash con pasta y ensalada de lechuga para la familia, puede hacerse, con poca variación, un puré para el niño a base de lechuga y carne. Receta pág. 59.

Aroximadamente 900 kJ/210 kcal
7 g de proteínas - 7 g de grasa - 31 g de hidratos de carbono

- Descongelado: 15 minutos.
- Preparación: 10 minutos.

Se prepara así: Descongelar las frambuesas y pasarlas por un tamiz. Revolver la mitad de la leche con la papilla de arroz en una cazuelita pequeña y cocerlo a fuego muy suave 3 minutos sin dejar de remover para que no se pegue al fondo. Retirar del fuego y añadir poco a poco al resto de leche y el jugo de las frambuesas. Remover bien, llenar en el biberón y agitar fuertemente.

Papilla de sémola con uvas para tomar con cuchara
(A partir del sexto mes)

Ingredientes para 1 porción:
4-5 uvas dulces - 200 ml de leche - 3 cucharadas de sémola integral (30 g) especial para niños
Aproximadamente 1000 kJ/240 kcal
10 g de proteínas - 7 g de grasa - 34 g de hidratos de carbono

Se prepara así: Lavar las uvas, cortarlas a la mitad, pelarlas y retirar las pepitas. Picar finamente la pulpa y recoger el jugo que suelten. Calentar en un cazo la mitad de la leche, añadir la sémola y cocer 3 minutos a fuego lento sin dejar de remover para evitar que se pegue al fondo. Retirar del fuego, agregar, poco a poco, el resto de leche y batir fuertemente. Servir en un platito y poner por encima las uvas picadas.

La alimentación desde el cuarto al octavo mes

Biscotes con leche y puré de zanahorias
(A partir del quinto mes)

Ingredientes para 1 porción:
200 ml de leche - 3 biscotes - 2 cucharadas de puré de zanahoria de tarro (sin aditamentos)
Aproximadamente 1060 kJ/255 kcal
10 g de proteínas - 9 g de grasa - 34 g de hidratos de carbono

- Tiempo de preparación: 5 minutos.

Se prepara así: Calentar la leche en una cazuela —no necesita hervirse si es fresca—. Poner los biscotes en una servilleta de tela, enrollarla y desmenuzarlos machacando con un objeto pesado. Ponerlos en un plato, regarlos con la leche caliente, dejar reposar 1 minutos aproximadamente y mezclar con el puré de zanahorias.

Papilla de avena con manzana
(A partir del quinto mes)

Si su hijo es buen comedor y tiene siempre apetito, esta papilla es ideal para él: el azúcar se sustituye por manzanas —con ello se aumenta la cantidad de papilla, pero no el contenido calórico—.

Ingredientes para 1 porción:
200 ml de leche - 2 cucharadas colmadas de copos de avena extrafinos - 1 manzana pequeña de sabor suave
Aproximadamente 1000 kJ/240 kcal
9 g de proteínas - 9 g de grasa - 32 g de hidratos de carbono

- Tiempo de preparación: 15 minutos.

Se prepara así: Poner la leche y la avena en un cazo y llevar a ebullición a fuego medio. Pasado 1 minuto retirar del fuego, tapar el cazo y dejar reposar 3 ó 4 minutos. Mientras lavar la manzana y pelarla. Rallarla muy fina sin aprovechar el centro. Mezclarla con la papilla de avena y servir.

Papilla integral
(A partir del sexto mes)

A partir del sexto mes puede darle al niño harina integral recién molida. Usted misma puede preparar una mezcla de harina de mijo y arroz libre de gluten.

Ingredientes para 1 porción:
25 g de cereales escogidos y bien limpios (trigo, avena, arroz, espelta, centeno, cebada o mijo) - 200 ml de leche - 1 cucharadita de miel
1 trocito de plátano maduro (30 g)
Aproximadamente 1100 kJ/260 kcal
10 g de proteínas - 8 g de grasa - 37 g de hidratos de carbono

- Tiempo de preparación: 10 minutos.
- Tiempo de cocción: 4 a 5 minutos.

Se prepara así: Moler muy finos los granos de cereales. En un cazo remover la harina obtenida con la leche y cocerla 4 a 5 minutos a fuego lento. Añadir la miel. Aplastar el plátano y añadirlo también. Servirlo en un platito y dejar enfriar ligeramente.

Merienda: papilla de cereales con fruta

Cada mes una papilla distinta. Ahora, en el sexto mes, podemos sustituir la merienda por una papilla de cereales, preparada con agua, ya que

La alimentación desde el cuarto al octavo mes

como su bebé a esta edad necesita unos 40 ml diarios de leche entera (que ya los toma por la mañana y en la papilla de la cena), no debe darle nada más que contenga demasiado azúcar y poca fruta. Si prefiere copos de cereales ya preparados, compruebe que están mezclados con cualquier otro producto. Esta papilla de por la tarde no puede ser sustituida ni por compota ni por yogur de fruta, pues lo que importan son precisamente las sustancias nutritivas de los cereales. El yogur aportaría al organismo del bebé demasiadas proteínas y la fruta sola proporcionaría pocas calorías.

> **Sugerencia:**
> Los copos instantáneos son copos de cereales preparados de forma que no es preciso cocerlos. Basta con mezclarlos con agua caliente y removerlos. A menudo están mezclados con copos de fruta, azúcar, miel, maltodextrinas u otros edulcorantes análogos. Táchelos de la dieta de su bebé.
> El sabor natural de la fruta le gustará tanto o más y evitará que se acostumbre prematuramente a las papillas demasiado dulces. La fruta natural es además mucho más nutritiva.

Papilla rápida de cereales y fruta

(A partir del sexto mes)
Foto página 45

Ingredientes para 1 porción:
1 manzana dulce - 2-3 fresas - 100 ml de agua - 20 g de copos de avena instantáneos sin aditamentos - 1 cucharada de mantequilla
Aproximadamente 890 kJ/210 kcal
3 g de proteínas - 10 g de grasa - 28 g de hidratos de carbono

- Tiempo de preparación: 10 minutos.

Se prepara así: Lavar bien la manzana, pelarla y rallarla. Lavar las fresas y aplastarlas con un tenedor. Hervir el agua. Poner los copos en un plato sopero, añadir el agua hirviendo y remover bien. Incorporar la mantequilla y mezclarla bien. Finalmente añadir la manzana y las fresas.

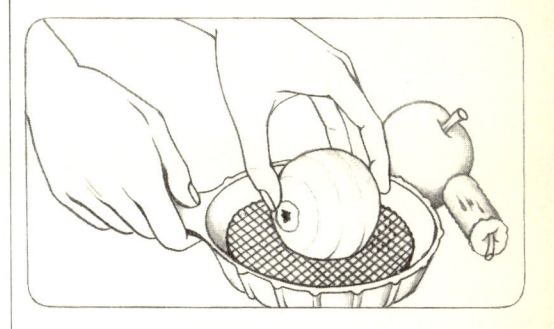

Las manzanas pueden rallarse fácilmente sujetando el fruto pelado por ambos extremos y rallando la pulpa todo alrededor. Solamente queda el centro con el rabillo y la parte superior.

La alimentación desde el cuarto al octavo mes

Papilla de 7 cerales con mandarinas
(A partir del sexto mes)

Ingredientes para 1 porción:
2 mandarinas - agua - 20 g de copos de 7 cereales - 1 cucharada de mantequilla
Aproximadamente 810 kJ/190 kcal
3 g de proteínas - 9 g de grasa - 25 g de hidratos de carbono

- Tiempo de preparación: 15 minutos.

Se prepara así: Pelar las mandarinas y quitar las pieles blancas. Ponerlas en un recipiente hondo y hacerlas puré con la batidora eléctrica. Poner el puré en un colador grueso, aplastarlo y recoger el zumo. Mezclarlo con agua hasta obtener un total de 200 ml. Mezclar la mitad del líquido con los copos de cereales y cocer 2 minutos. Derretir la mantequilla dentro de la papilla y añadir el resto del zumo.

Papilla de plátano
(A partir del sexto mes)

Ingredientes para 1 porción:
125 ml de agua - 20 g de copos de trigo - 100 g de plátano sin cáscara - 1 cucharada de mantequilla
Aproximadamente 1000 kJ/240 kcal
4 g de proteínas - 9 g de grasa - 36 g de hidratos de carbono

- Tiempo de preparación: 10 minutos.

Se prepara así: Mezclar bien el agua con los copos, cocerlos 1 ó 2 minutos y retirar del fuego. Añadir el plátano cortado y la mantequilla y molerlo con la batidora eléctrica o aplastar con un tenedor.

Papilla de melocotón sin hervir
(A partir del sexto mes)

Ingredientes para 1 porción:
100 ml de agua - 20 g de copos instantáneos
1 cucharada de mantequilla - 1 melocotón maduro
Aproximadamente 850 kJ/200 kcal
4 g de proteínas - 10 g de grasa - 26 g de hidratos de carbono

- Tiempo de preparación: 10 minutos.

Se prepara así: Hervir el agua, verter sobre los copos y remover. Añadir la mantequilla. Lavar bien el melocotón, ponerlo en un plato y rociarlo con agua hirviendo, dejar reposar 2 minutos y pelarlo; cortarlo en cuatro trozos y separar el hueso. Hacer un puré con la pulpa y añadirlo a la parrilla.

Arroz con cerezas
(A partir del sexto mes)

Esta receta resulta menos complicada si utiliza 20 g de copos de arroz en lugar de arroz en grano.

Ingredientes para 1 porción:
20 g de arroz integral de grano redondo - 200 ml de agua - 50 g de cerezas - 50 g de plátano sin cáscara - 1 cucharada de mantequilla
Aproximadamente 740 kJ/180 kcal
3 g de proteínas - 9 g de grasa - 30 g de hidratos de carbono

- Tiempo de remojo: 6 horas.
- Tiempo de preparación: 10 minutos.
- Tiempo de cocción: 20 minutos.

Se prepara así: Poner el arroz en un recipiente de cristal, regarlo con el agua, tapar y dejar 6 horas

La alimentación desde el cuarto al octavo mes

en el frigorífico. Poner la mezcla en una cazuela y cocer unos 20 minutos aproximadamente a fuego lento hasta que esté muy blando. Limpiar las cerezas, lavarlas muy bien y añadirlas al arroz en los últimos 5 minutos de cocción. Sacar los huesos de las cerezas ya cocidas con ayuda de una cucharilla. Añadir a la papilla el trozo de plátano y la mantequilla y hacer un puré con todo el conjunto. Servirlo en un platito y añadir agua hervida si está muy espesa.

Entre horas: zumo y frutas

Muchos de los zumos industriales tienen demasiado azúcar, a parte de los aditivos. Por eso lo más sano es preparar en casa la porción de zumo que vayamos a dar a nuestro bebé en cada comida.
- Para zumos de cítricos basta con un exprimidor, eléctrico o manual. Pero siempre deberá colarse antes de verterlo en el biberón.
- En la licuadora eléctrica puede obtenerse cómodamente zumo de zanahoria o de manzana.
- En la olla exprés se pueden preparar rápidamente compotas de fruta cocidas al vapor. Un poco de compota o un sorbo de zumo natural no pueden sustituir una comida ni tampoco calmar la sed del bebé. Pero sí pueden ser un buen recurso para darle algo entre horas entre la cena y la merienda. En la página 70 encontrará varias recetas para hacer zumo.

La compota puede hacerse a base de plátano y manzana (sólo se necesitan pequeñas cantidades). En la página 69 encontrará también una receta para prepararla y conservarla en pequeñas porciones para más veces. Esto resulta especialmente práctico si su bebé todavía no tolera bien la fruta cruda y desea disponer siempre en casa de algo fresco ya preparado.

La alimentación desde el octavo mes hasta cumplir un año

El paso siguiente: sentarse a la mesa

¡Cómo pasa el tiempo! A finales del primer año ha llegado el momento de que su bebé se siente a comer con el resto de la familia, con su propio plato y sus cubiertos. Claro que al principio su comportamiento dejará bastante que desear y exigirá por parte de los mayores buenas dosis de paciencia. El momento adecuado para sentarle a la mesa será cuando ya sepa permanecer sentado en el suelo. Normalmente esto suele ocurrir entre los diez meses y el año. Es muy importante que se sienta cómodo. Que su silla esté a la altura adecuada y que pueda lavarse fácilmente. Una vez dispuestos todos los preparativos, ya puede poner en sus manos la cuchara. Se sorprenderá lo pronto que se acostumbrará a comer él solito. No obstante, no estará demás que extienda sobre el suelo un plástico lavable para no mancharlo, si es que no come en la cocina, y póngale el mayor babero que encuentre en el mercado. Respecto a la forma de la cuchara hay diversidad de criterios. Yo personalmente considero más práctica la que forma ángulo con el mango. Es más fácil de manejar y su uso no quiere decir que vaya a acostumbrarse a comer sólo con ella. Más tarde lo mismo comerá con cualquier cuchara normal. Pero no sólo deberá acostumbrarse a comer con cuchara. También ha de aprender a sostener el pan en la mano y a morderlo. Al principio puede usted cortárselo en trocitos, sin quitarle la corteza, a no ser que esté demasiado cocida. De ese modo sus dientecitos tendrán algo que comer. También deberá aprender a beber. Por supuesto que seguirá tomando la leche de por la mañana y la de por la noche (al fin y al cabo aún está en el período de lactancia), pero siempre que tenga sed deberá beber por un vaso. Algunos niños se acostumbran enseguida a beber casi solos por su taza. otros sólo lo consiguen con una pajita. Usted misma descubrirá pronto cuál es el mejor sistema. En todo caso, aunque el niño rechace el vaso, usted procure mantenerlo pegado a sus labios.

Una última sugerencia: mientras su bebé chapotea en el baño, puede aprovechar para enseñarle a beber agua por un vaso. En la bañera no tendrá necesidad de preocuparse de que la derrame o no.

Es hora de empezar a masticar

Los dientes crecen y es preciso fortalecerlos. Ha llegado el momento de dejar a un lado los purés finos y sustituirlos por comidas machacadas con el tenedor. La comida de mediodía a base de verdura y carne debe mantenerse, pero aumentando las cantidades. A finales del primer año puede cocinar ya para toda la familia. En el capítulo «Cómo adaptar para el niño el menú de los adultos» (página 58) encontrará varias formas de hacerlo. Para el desayuno seguirá dándole su acostumbrado biberón, pero también puede empezar a darle también un poquito de pan. Para la cena deberá dar paso a comidas más sólidas.

Hacia el final del primer año, la papilla de cereales y fruta puede ser sustituida ya por fruta fresca y biscotes. También el yogur y las pastas de cereales integrales pueden incluirse de vez en cuando en su menú. Pero recuerde que en todo caso deberá seguir tomando diariamente 400 ml de leche o de productos lácteos.

los niños especialmente propensos a las alergias deberán tomar alimentos lácteos especialmente preparados para bebés. En cuanto al cacao, procure incluirlo en la dieta lo más tarde posible. La leche pura siempre es preferible y, además, al no conocer otra cosa, su bebé la tomará encantado.

La alimentación desde el octavo mes hasta cumplir un año

Platos de verduras

Puede seguir haciendo las papillas del capítulo anterior, pero aumentando poco a poco las cantidades, según sea el apetito del niño. La verdura debe molerse algo más gruesa. La elección de las verduras deberá hacerse siempre escogiendo las del tiempo.

Colinabo con patatas

Ingredientes para 1 porción:
1 colinabo (de unos 150 g) - 100 g de patatas
1 cucharada de mantequilla - 1 yema de huevo
Aproximadamente 1100 kJ/260 kcal
8 g de proteínas - 14 g de grasa - 25 g de hidratos de carbono

- Tiempo de preparación: 10 minutos.
- Tiempo de cocción: 15 minutos.

Se prepara así: Retirar las hojas del bulbo, lavar éste y las hojas más tiernas. Lavar también las patatas, pelarlas y también el colinabo. Cortar ambas cosas en dados de 1 cm aproximadamente. Derretir la mitad de la mantequilla en una cazuela y rehogar las patatas y la verdura, agregar 2 cucharadas de agua y cocer tapado 15 minutos a fuego lento. Mientras picar muy finas las hojas tiernas quitando los tallos. En total deben utilizarse 2 cucharadas de hojas picadas. Añadirlas a la cazuela 5 minutos antes de concluir la cocción. Cuando la verdura esté tierna servirla en un plato-termo, añadir la mantequilla restante y la yema y mezclar todo bien. Aplastar en forma gruesa con un tenedor.

Patatas y coliflor a la crema
(A partir del octavo mes)

Ingredientes para 1 porción:
150 g de patatas - 150 g de coliflor - 3 cucharadas de leche - 1 cucharada de nata - 1 cucharadita de mantequilla - 1 cucharadita de perejil picado
1 yema de huevo
Aproximadamente 1400 kJ/330 kcal
10 g de proteínas - 17 g de grasa - 32 g de hidratos de carbono

- Tiempo de preparación: 10 minutos.
- Tiempo de cocción: 15 minutos.

Se prepara así: Lavar bien las patatas y la coliflor. Separar las rosetas de coliflor en partes pequeñas y cortar los troncos en trozos de 1 cm. Cortar las patatas en dados de 2 cm. Calentar en una cazuela la leche y la nata, añadir las patatas y la coliflor y cocerlo 15 minutos a fuego lento. Servir en un plato-termo, añadir la mantequilla, el perejil y la yema y aplastarlo en forma gruesa con un tenedor.

Zanahorias con miel y puré de patata
(A partir del octavo mes)

Ingredientes para 1 porción:
150 g de zanahorias - 40 g de magro de cerdo - 100 g de patatas harinosas - 1 cucharada de mantequilla - 1/2 cucharadita de miel - 1 pizca de granos de anís
Aproximadamente 1200 kJ/290 kcal
11 g de proteínas - 13 g de grasa - 32 g de hidratos de carbono

La alimentación desde el octavo mes hasta cumplir un año

- Tiempo de preparación: 30 minutos.

<u>Se prepara así</u>: Limpiar y lavar las zanahorias, rasparlas y cortarlas en rodajitas de 1/2 cm aproximadamente. Cortar la carne en tiras; lavar las patatas y cocerlas con poca agua unos 15 minutos. Derretir en una cazuela la mitad de la mantequilla y rehogar la carne y las zanahorias añadiendo, si es necesario, 2-3 cucharadas de agua; cocer tapado 15 minutos a fuego lento. Cuando las zanahorias estén tiernas agregar la miel, el anís y el resto de la mantequilla y retirar la cazuela del fuego. Pelar las patatas ya cocidas y aplastarlas directamente en el plato. Poner por encima las zanahorias con miel.

Puré con hojitas de coles de Bruselas
(A partir del décimo mes)

Ingredientes para 1 porción:
150 g de patatas - 150 g de coles de Bruselas - 1 cucharada de mantequilla - 3 cucharadas de leche - 1 cucharada de requesón descremado - 1 cucharadita de perejil picado muy fino
Aproximadamente 1300 kJ/310 kcal
15 g de proteínas - 10 g de grasa - 36 g de hidratos de carbono

- Tiempo de preparación: 10 minutos.
- Tiempo de cocción: 15 minutos.

<u>Se prepara así</u>: Lavar bien las patatas y cocerlas con poca agua durante 15 minutos. Lavar las coles, cortar el tronco y retirar las hoja exteriores. Separar las hojas de las coles y cocerlas con 6 cucharadas de agua 15 minutos a fuego medio. Mientras pelar las patatas cocidas y aplastarlas. Añadir la mantequilla, la leche, el requesón y el perejil y batir todo bien hasta que quede cremoso. Finalmente añadir las hojitas de col con el agua de cocción.

Arroz con zanahorias y carne de gallina
(A partir del octavo mes)

Ingredientes para 1 porción:
150 g de zanahorias - 40 g de pechuga de gallina - 2 cucharaditas de mantequilla - 30 g de arroz - 2 cucharadas de zumo de naranja
Aproximadamente 1700 kJ/400 kcal
14 g de proteínas - 17 g de grasa - 49 g de hidratos de carbono

- Tiempo de preparación: 10 minutos.
- Tiempo de cocción: 25 minutos.

<u>Se prepara así</u>: Limpiar las zanahorias, lavarlas y pelarlas; luego rallarlas en forma gruesa. Cortar la carne en dados pequeños y rehogarla en 1 cucharadita de mantequilla. Añadir las zanahorias y el arroz y regar con 1/4 l de agua cociéndolo 25 minutos a fuego lento. Servir en un plato-termo y añadir el resto de mantequilla y el zumo de naranja.

Postres dulces a base de leche

... son una cena ideal que gusta mucho a los niños cuando ya se cansan de la papilla habitual. No están tan molidos y les proporciona más trabajo al masticar. Pueden sustituir —en caso de excepción— la comida del mediodía. En ese caso la cena debe ser de verdura con algo de carne.

La alimentación desde el octavo mes hasta cumplir un año

Papilla de müsli para tomar con cuchara
(A partir del décimo mes)

Ingredientes para 1 porción:
200 ml de leche - 1 cucharhadita de pasas
4 cucharadas de copos finos de avena
2 cucharadas de biscotes integrales desmenuzados
1 cucharadita de avellanas molidas - 1/2 manzana
Aproximadamente 1300 kJ/310 kcal
11 g de proteínas - 10 g de grasa - 43 g de hidratos de carbono

- Tiempo de preparación: 10 minutos.
- Tiempo de remojo: 30 minutos.

Se prepara así: Calentar la leche. Lavar las pasas y ponerlas en un recipiente; añadir los copos de avena, los biscottes desmenuzados y las avellanas y regar todo con la leche. Dejar reposar 30 minutos. Lavar y pelar la manzana, rallarla gruesa y mezclarla con el müsli. Si el niño lo prefiere caliente, calentarlo un momento antes de servirlo.

Pudin de arroz
(A partir del octavo mes)

Ingredientes para 1 porción:
200 ml de leche - 25 g de arroz de grano redondo - 1 plátano pequeño (unos 100 g sin cáscara)
2 cucharaditas de jugo de remolacha
Aproximadamente 1300 kJ/310 kcal
9 g de proteínas - 7 g de grasa - 52 g de hidratos de carbono

- Tiempo de preparación: 15 minutos.
- Tiempo de reposo: 3 horas.

Se prepara así: Hervir la mitad de la leche, añadir el arroz y cocerlo 5 minutos a fuego lento. Aplastar el plátano y añadir el jugo de remolacha. Mezclarlo con el arroz caliente. Enjuagar con agua fría un molde de pudin (de 1/4 l de contenido) y rellenarlo con el arroz dejándolo que repose 3 horas a temperatura ambiente. Pasado este tiempo ya puede ser volcado. La leche restante puede ponerse como bebida.

Papilla de chocolate y sémola
(A partir del décimo mes)

Si el niño sufre estreñimiento sustituya el cacao por el zumo de espino amarillo endulzado o por mermelada de escaramujo. Estos productos deben añadirse después de hervir la papilla.

Ingredientes para 1 porción:
150 ml de leche - 1 cucharadita de cacao en polvo (instantáneo) - 30 g de sémola de trigo
1 cucharada de nata
Aproximadamente 960 kJ/230 kcal
9 g de proteínas - 9 g de grasa - 30 g de hidratos de carbono

- Tiempo de preparación: 5 minutos.
- Tiempo de cocción: 15 minutos.

Se prepara así: Mezclar la leche con el cacao y la sémola y cocerlo tapado y a fuego lento durante 15 minutos. Servir en un plato-termo, añadir la nata y remover bien.

La alimentación desde el octavo mes hasta cumplir un año

Copos mixtos
(A partir del octavo mes)

Este müsli puede variarse con diferentes clases de fruta (plátanos, fresas o naranjas y confituras variadas o miel, según el gusto del niño).

Ingredientes para 1 porción:
30 g de copos finos de cereales (por ej. de avena) - 200 ml de leche - 1/2 manzana - 1 cucharadita de almendras peladas y molidas - 1/2 cucharadita de mermelada de fresa
Aproximadamente 1300 kJ/310 kcal
11 g de proteínas - 11 g de grasa - 43 g de hidratos de carbono

- Tiempo de preparación: 10 minutos.

Se prepara así: Poner los copos en un plato-termo, calentar la leche y regar los copos con 150 ml, el resto servirlo en un vaso como bebida para acompañar. Lavar la manzana, pelarla y rallarla gruesa. Añadirla al müsli con las almendras y la mermelada.

Cortaditos de sémola
(A partir del décimo mes)

Ingredientes para 1 porción:
200 ml de leche - 30 g de sémola integral - 1 cucharadita de mantequilla - 80 g de plátano - 1 cucharadita de zumo de naranja
Aproximadamente 1500 kJ/360 kcal
10 g de proteínas - 12 g de grasa - 50 g de hidratos de carbono

- Tiempo de preparación: 15 minutos.
- Tiempo de horneado: 15 minutos.

Se prepara así: Calentar el horno a 200° (en cocina de gas: n° 3). Hervir 1/8 l de leche y añadir la sémola en forma de lluvia. Cocer a fuego medio hasta que esté espesa, retirar del fuego y añadir la mantequilla mezclándola bien. Verterla en una flanera individual y meter al horno (centro) sobre la rejilla dejando que se haga unos 15 minutos hasta que se dore. Batir el resto de leche, el plátano y el zumo de naranja y servirlo en un plato sopero. Separar la sémola de molde, cortar en rodajitas y servirlas sobre la salsa.

Postre

... no siempre es necesario, pero de vez en cuando puede completar una comida floja o servir de merienda. Las recetas son fáciles, para que Ud. tenga realmente tiempo de prepararlas y no se limite solamente a destapar el cómodo yogur. Estos postres están pensados para distraer a su hijo del deseo hacia otras golosinas, que va despertándose poco a poco en el niño.

Puding de zanahoria y naranja
(A partir del octavo mes)
Foto pág. 18

Ingredientes para 1 porción:
150 g de zanahorias - 1 cucharadita de miel - 1 hoja de gelatina blanca - 1/2 naranja - 1 pizca de canela - 1/2 cucharadita de aceite de semillas
Aproximadamente 600 kJ/140 kcal
3 g de proteínas - 3 g de grasa - 27 g de hidratos de carbono

- Tiempo de preparación: 30 minutos.
- Tiempo de cuajado: 3 horas.

La alimentación desde el octavo mes hasta cumplir un año

Se prepara así: Limpiar bien las zanahorias, lavarlas, pelarlas y cortarlas en rodajitas. Hervir 6 cucharadas de agua en una cazuela, añadir las zanahorias y la miel y cocerlas de 10 a 15 minutos a fuego medio. Remojar la gelatina en agua fría unos 10 minutos. Exprimir la naranja y mezclar el zumo con la canela y el aceite. Hacer un puré con las zanahorias y añadir la gelatina y el zumo de naranja. Enjuagar con agua fría un molde de puding (de 1/4 l de contenido), rellenarlo con el puré de zanahoria y meterlo al frigorífico. Pasadas 3 horas puede volcarse. Antes de dárselo al niño debe calentarse a temperatura ambiente.

Compota de uvas
(A partir del octavo mes)

Un postre especial para aquellos niños con tendencia a formar gases o a escocerse.

Ingredientes para 1 porción:
150 g de uvas - 1 cucharadita de almendras ralladas
Aproximadamente 540 kJ/130 kcal
2 g de proteínas - 2 g de grasa - 26 de hidratos de carbono

● Tiempo de preparación: 15 minutos

Se prepara así: Quitar los rabillos a las uvas, lavarlas bien con agua caliente y escurrirlas. Cortarlas a la mitad y quitarles las pepitas. Cocerlas con las almendaras en 4 cucharadas de agua durante 3 minutos a fuego lento y enfriarlas. Se sirve templada.

Crema de plátano y naranja
(A partir del octavo mes)

Ingredientes para 1 porción:
1 naranja pequeña - 1 plátano pequeño - 150 g de leche cuajada
Aproximadamente 1200 kJ/290 kcal
8 g de proteínas - 6 g de grasa - 48 g de hidratos de carbono

● Tiempo de preparación: 10 minutos.

Se prepara así: Pelar la naranja hasta llegar a la pulpa, cortarla en lonchas y luego en trocitos procurando recoger el jugo. Pelar el plátano, aplastarlo con un tenedor y mezclarlo con la pulpa y el zumo de naranja. Batir cremosa la leche cuajada y mezclarla con la fruta.

Para conseguir cortar la naranja en segmentos finos sin la piel blanca que los envuelve, se pela el fruto con un cuchillo muy afilado. La pulpa puede extraerse después muy fácilmente.

La alimentación desde el octavo mes hasta cumplir un año

Yogur con frutas
(A partir del décimo mes)

Ingredientes para 1 porción:
150 g de Biogur (3,5% de grasa) - 50 g de fruta fresca y madura (plátano, bayas, melocotón o melón) o una porción de puré de frutas congelado (receta en la página 69)
Aproximadamente 630 kJ/150 kcal
6 g de proteínas - 6 g de grasa - 18 g de hidratos de carbono

● Tiempo de preparación: 10 minutos.

Se prepara así: Sacar el yogur del frigorífico 1 hora antes de la comida para que no esté muy frío. Si se utiliza puré de fruta congelado, descongelarlo. Lavar la fruta, pelarla, cortarla en trocitos y hacerla puré con la batidora eléctrica. Mezclarla con el yogur.

Nata con fresas
(A partir del décimo mes)

Si se prepara nata montada para el resto de la familia, separe 4 cucharadas y haga este postre para su pequeñín.

Ingredientes para 1 porción:
100 g de fresas maduras - 50 g de requesón desnatado - 4 cucharadas de nata montada endulzada
Aproximadamente 1100 kJ/260 kcal
9 g de proteínas - 20 g de grasa - 11 g de hidratos de carbono

● Tiempo de preparación: 8 minutos.

Se prepara así: Lavar bien las fresas, quitarles el rabillo y escurrirlas. Ponerlas en un recipiente con el requesón y hacer un puré (o aplastarlas junto con el requesón con un tenedor). Añadir la nata montada y servirlas en un platito.

Cómo adaptar para el niño el menú de los adultos

Llegado el momento en que su bebé puede ya comer diferentes cosas, ya no es necesario cocinar extra para él, al menos no siempre. A continuación le ofrecemos algunos consejos para compaginar su alimentación con el menú del resto de la familia, con el consiguiente ahorro de tiempo:
● Antes de añadir sal y especias a la comida, separe la porción que piense dar al niño.
● No hacerle más difícil el comer del plato con un excesivo número de productos variados.
● No freírle demasiado los alimentos ni dárselos preparados a la parrilla.
● Desmenuzarle el menú con cuchillo y tenedor, a poder ser a la vista del niño para que se dé cuenta de que va a comer lo mismo que el resto de la familia.
Las recetas siguientes son para tres personas: dos adultos y un niño.

Pavo con calabacines
(A partir del octavo mes)

Ingredientes para 3-4 porciones:
800 g de patatas - 300 g de pechuga de pavo - 1 cucharada de zumo de limón - 1 cucharada de zumo de limón - cucharadita de albahaca seca - 800 g de calabacines - 1 cucharada de aceite - 1/8 l de nata - 1 cucharada de mantequilla - 1/8 l de caldo de verdura - 1 cucharada de salsa de

La alimentación desde el octavo mes hasta cumplir un año

soja - 2 cucharadas de copos de cereal extrafinos
La porción del bebé contiene 860 kJ/200 kcal
15 g de proteínas - 9 g de grasa - 16 g de hidratos de carbono

- Tiempo de preparación: 20 minutos.
- Tiempo de cocción: 35 minutos.

Se prepara así: Lavar las patatas, ponerlas en una cazuela con poca agua y cocerlas 35 minutos a fuego lento. Cortar la pechuga en tiras de 1 cm de ancho por 3 cm de largo. Rociarlas con zumo de limón y espolvorearlas con albahaca. Lavar los calabacines, pelarlos y rallarlos en forma gruesa. Calentar el aceite en una sartén y rehogar la carne; añadir la nata y dejar que se haga 10 minutos a fuego lento y con la sartén tapada. Añadir los calabacines rallados, tapar de nuevo y dejar 10 minutos más. Pelar para el bebé 70 g de patatas y aplastarlas con un tenedor. Sacar de la sartén unos 150 g de calabacines con carne y añadirlo a las patatas. Cortar la carne en trocitos, añadir la mantequilla y mezclar todo bien. Para el resto de la familia regar la carne con el caldo, añadir los copos y la salsa de soja y cocer 1 ó 2 minutos. Servir acompañado de las patatas.

Patatas con requesón
(A partir del décimo mes)

Ingredientes para 3-4 personas:
1 kg de patatas - 500 g de requesón descremado - 200 ml de nata - 80 g de queso tierno rallado - 2 cucharadas de berros - 1 ramillete de eneldo - 1 cucharadita de aceite de semillas - 1 pizca de pimienta - 1/2 cucharadita de sal - 40 g de pipas de girasol
La porción del bebé contiene 1700 kJ/400 kcal
21 g de proteínas - 19 g de grasa - 37 g de hidratos de carbono

- Tiempo de preparación: 15 minutos.
- Tiempo de cocción: 15-20 minutos.

Se prepara así: Lavar bien las patatas bajo el chorro de agua y cocerlas con poca agua 15 ó 20 minutos. Mientras batir a punto de crema el requesón, la nata y el queso. Lavar los berros en un colador y también el eneldo y escurrirlos. Picar muy finos los berros junto con las puntas del eneldo y mezclarlo con la crema de requesón. Separar 150 g de requesón para el niño y añadir el aceite de semillas. Para el resto de la familia sazonar la crema con pimienta, sal y pipas de girasol. Pelar las patatas cocidas y separar 200 g para el niño. Servir el resto para la familia.

Gulash con pasta y ensalada. Lechuga con pasta y carne
(A partir del décimo mes)
Foto página 46

Ingredientes para 3-4 personas:
500 g de carne magra de novillo - 500 g de cebollas - 50 g de mantequilla - 1 cucharadita de pimentón dulce - 3 cucharadas de sal - 2 cucharaditas de espesante oscuro para salsas - 3 cucharadas de crema fresca - 2 lechugas - 3 cucharadas de yogur - 3 cucharadas de nata líquida - 1/4 de cucharadita de sal de hierbas - 1 pizca de pimienta - 250 g de pasta integral
La porción del bebé contiene 2000 kJ/480 kcal
17 g de proteínas - 31 g de grasa - 34 g de hidratos de carbono

- Tiempo de preparación: 30 minutos.
- Tiempo de cocción: 2 horas.

La alimentación desde el octavo mes hasta cumplir un año

Se prepara así: Limpiar la carne de grasa y tendones y cortarla en dados. Pelar las cebollas, cortarlas a la mitad y luego en rodajas finas. Derretir en una cacerola 25 g de mantequilla y rehogar ligeramente la cebolla, añadir la carne y el pimentón y estofar 2 horas a fuego medio. Siempre que sea necesario añadir un poco de agua. Finalizada la cocción separar para el niño 40 g de carne y 1 cucharada de salsa. Sazonar el resto de carne con 1 cucharadita de sal y dejar reposar 5 minutos. Poco antes de servir la comida llevar la carne a ebullición, añadir el espesante y dejar dar un hervor. Añadir la crema fresca y remover. Limpiar y lavar las lechugas. Separar para el niño unos 150 g del cogollo interior más tierno. El resto partirlo en trozos. Preparar el aliño con el yogur, 2 cucharadas de nata, la sal de hierbas y la pimienta. Aliñar la lechuga un momento antes de servirla. Cortar la lechuga del niño en tiras y rehogarla en 1 cucharadita de mantequilla unos 5 minutos hasta que esté tierna. Mezclarla con las tiras de carne y la salsa reservadas y hacer con todo un puré con la tabidora eléctrica. Poner en una cazuela grande agua con 2 cucharaditas de sal y cocer la pasta según instrucciones. Escurrirla en un colador. Separar 100 g para el niño y mezclar con 1 cucharadita de mantequilla. Poner en el plato-termo. Sazonar el puré de lechuga con 1 cucharadita de nata y servirlo sobre la pasta. Para la familia añadir el resto de mantequilla a la pasta, aliñar la ensalada y servir con el gulash.

Sopa de fideos
(A partir del octavo mes)

Ingredientes para 3-4 personas:
300 g de morcillo con hueso - 1 l de agua - 1 hoja de laurel - 300 g de zanahorias - Apio - 300 g de coles de Bruselas - 1 ramillete de perejil - 300 g de fideos - 1 cucharadita de sal - 1 cucharada de salsa de soja - cucharada de tomate concentrado

La porción del bebé contiene 1500 kJ/360 kcal 13 g de proteínas - 16 g de grasa - 42 g de hidratos de carbono

- Tiempo de preparación: 20 minutos.
- Tiempo de cocción: 1 hora.

Se prepara así: Lavar la carne, ponerla en una cazuela con el agua y el laurel y cocer 1 hora a fuego muy suave. Raspar las zanahorias, lavarlas y cortarlas en rodajitas de 1 cm aproximadamente. Cortar el pie del apio y separar los tallos, lavarlos, quitar los hilos y cortarlos en trozos. Lavar las coles y quitar las hojas duras. Hacer en la parte de abajo un corte en forma de cruz para que cuezan antes. Lavar el perejil y picar las hojas. Pasados 30 minutos del tiempo de cocción añadir las coles y las zanahorias. Y después de 10 minutos añadir el apio y las hojas del mismo. Asimismo añadir los fideos. Ya cocida, retirar de la sopa la hoja de laurel y las hojas del apio. Separar para el niño 200 ó 250 g de zanahorias, apio, fideos y algo de caldo. Pesar 35 g de carne, picarla y añadirla a la sopa. Derretir la mantequilla en la sopa y añadir 1 cucharadita de perejil picado. Para el resto de la familia sazonar la sopa con la sal, salsa de soja, tomate y perejil picado. Sacar la carne del caldo, retirar el hueso, cortarla en trocitos y añadirlos de nueva a la sopa.

Verdura y arroz con hígado
(A partir del octavo mes)

Ingredientes para 3-4 personas:
1 cebolla - 3 hojas de salvia frescas o secas 250 g de higadillos de gallina o pollo - 500 g de calabacines - 2 manzanas - 2 cucharadas de aceite de semillas - 300 g de arroz - 1/2 pizca de pimienta - 2 cucharadas de salsa de soja

La alimentación desde el octavo mes hasta cumplir un año

La porción del bebé contiene 1300 kJ/310 kcal
18 g de proteínas - 19 g de grasa - 37 g de hidratos de carbono

- Tiempo de preparación: 30 minutos.
- Tiempo de cocción: 30 minutos.

Se prepara así: Pelar y picar la cebolla, cortar la salvia en tiras transversales (si son secas desmenuzarlas entre los dedos). Lavar el hígado, secarlo con papel de cocina y cortarlo en trocitos. Pelar y lavar los calabacines y las manzanas. Cortar los calabacines y las manzanas. Cortar los calabacines a la larga en 4 partes y luego éstas en trozos de 1 cm. Retirar el centro de las manzanas y cortarlas en gajos finos. Calentar el aceite y rehogar la cebolla 2 minutos; luego añadir el hígado, la salvia, los calabacines y las manzanas y rehogar 2 minutos más removiendo continuamente. Sacar el hígado y reservar. Añadir el arroz a la sartén, el agua y 200 ml de leche dejando cocer 25 minutos con la sartén destapada. Poco antes de concluir la cocción añadir de nuevo el hígado. Separar 250 g para el niño, servirlo en el plato-termo y añadir la mantequilla y el resto de leche. Para el resto de leche. Para el resto de la familia sazonar el arroz con pimienta y salsa de soja.

Filetes de pollo con Risi-Bisi
(Arroz con guisantes)

Ingredientes para 3-4 personas:
2 cucharadas de mantequilla - 250 g de arroz integral - 500 g de guisantes congelados - 1/2 l de agua - 3 filetes de pollo de 100 g cada uno
1 filete de pollo de 50 g - 1 pizca de pimienta
Sal - 2 cucharadas de harina - 2 cucharadas de harina - 2 cucharadas de aceite - 1/8 l de caldo de verdura (de cubito) - 3 cucharadas de nata

2 cucharaditas de espesante claro de salsas
2 cucharadas de perejil recién picado
1 cucharada de mantequilla
La porción del bebé contiene 1100 kJ/260 kcal
16 g de proteínas - 17 g de grasa - 27 g de hidratos de carbono

- Tiempo de preparación: 15 minutos.
- Tiempo de cocción: 25 minutos.

Se prepara así: Derretir la mantequilla en una cazuela, añadir el arroz y rehogarla; añadir también los guisantes y el agua y cocer 20 minutos a fuego lento. Mientras, lavar los filetes y secar con papel de cocina. Salpimentar los tres filetes grandes y enharinarlos junto con el filete pequeño. Calentar el aceite en una sartén y freír los filetes por ambos lados (a fuego lento) hasta que estén en su punto. Pasados 10 minutos cuando ya estén bien hechos, sacar el filete pequeño y ponerlo en el plato-termo. Aumentar el calor y dorar los filetes grandes por ambos lados. Agregar el caldo de verdura y 2 cucharadas de nata, dar un hervor, añadir el espesante y hervir de nuevo brevemente. Mezclar el arroz cocido con el perejil picado, separar unos 200 g para el niño y añadir 1 cucharada de mantequilla y 1 cucharada de nata. Cortar el filete pequeño en trocitos y mezclarlo con el arroz del niño. Para el resto de la familia servir el arroz con los filetes y las salsa. La salsa está tan picante y sabrosa que no se necesita sazonar de nuevo el arroz.

Para comer con los dedos

Si su bebé tiene dificultades con el uso de la cuchara y se le cae algo del plato en la mesa o en el babero, lo primero que hará es tratar de comer con los dedos, cosa muy natural. Aparte

La alimentación desde el octavo mes hasta cumplir un año

de resultarle más fácil, es posible que hasta le sepa mejor, debido al contacto directo con los alimentos.
No conviene, pues, impedírselo por sistema y a toda costa. Al contrario, de vez en cuando yo le daría un plato especial para comer con los dedos, por ejemplo, alguno de los preparados según las siguientes recetas:

Ranitas de espinacas
(A partir del décimo mes)
Foto contigua

Ingredientes para 2 porciones:
150 g de espinacas frescas - 100 ml de zumo de tomate sin sal - 50 g de sémola de maíz - 15 g de queso de bola - 1 huevo pequeño - 1 cucharadita de mantequilla - 1 cucharadita de aceite de semillas
Aproximadamente 1800 kJ/430 kcal
21 g de proteínas - 18 g de grasa - 48 g de hidratos de carbono

- Tiempo de preparación: 40 minutos.

Se prepara así: Limpiar bien las espinacas, quitar las hojas lacias, lavarlas y escurrirlas. Hervir agua abundante y cocerlas 1 minuto, escurrirlas en un colador y repartirlas en seis partes iguales. Hervir el zumo de tomate, añadir la sémola en forma de lluvia y cocer a fuego lento 5 minutos. Mientras, cortar el queso en dados pequeños y añadirlos a la sémola. Finalmente añadir el huevo y la mantequilla. Retirar la cazuela del fuego y dejar reposar 10 minutos. Colocar las espinacas unas sobre otras, de tal modo que formen 6 pequeños rectángulos. Repartir la papilla de sémola sobre las hojas de espinaca y enrollarlas dejando el relleno bien sujeto. Engrasar un papel de aluminio, colocar los rollitos encima y curarlos bien. Poner en una cazuela hasta que el fondo quede cubierto 1 cm aproximadamente. Colocar dentro el paquete de aluminio y calentar el agua 10 minutos a fuego medio. Cortar los rollitos en rodajitas y comerlos calientes o templados.

Calabacines rellenos
(A partir del décimo mes)
Foto contigua

Ingredientes para 1 porción:
2 calabacines pequeños - 1 rebanada de pan integral tostado - 20 g de queso Mozzarella - 20 g de almendras peladas, molidas - 2-3 cucharadas de leche - 1/2 cucharadita de puntas de eneldo - 1 cucharadita de mantequilla
Aproximadamente 1300 kJ/310 kcal
13 g de proteínas - 20 g de grasa - 21 g de hidratos de carbono

- Tiempo de preparación: 30 minutos.
- Tiempo de cocción: 15 minutos.

Se prepara así: Lavar los calabacines, pelarlos y cortarlos en cuatro trozos (sin las puntas). Vaciarlos con una cucharilla o con el aparato de vaciar manzanas. Cortar en pequeños trozos la tostada y el queso y mezclarlos con las almendras, la leche y el eneldo hasta obtener una masa. Añadir 1 cucharada de leche si es necesario. Rellenar los calabacines con la masa apretándola bien. Derretir la mantequilla en una cazuela pequeña, colocar dentro los calabacines y hacerlos a fuego lento unos 15 minutos. Durante la cocción darles la vuelta y agregar un poco de agua si se ha evaporado el líquido. Se sirven calientes o templados.

El deseo de comer la comida con la mano despierta en el niño hacia finales del primer año, y tiene que aprenderlo, naturalmente. Para practicar son ideales las ranitas de espinacas, los calabacines rellenos o los rollitos de puerro. Recetas en esta página y página 65.

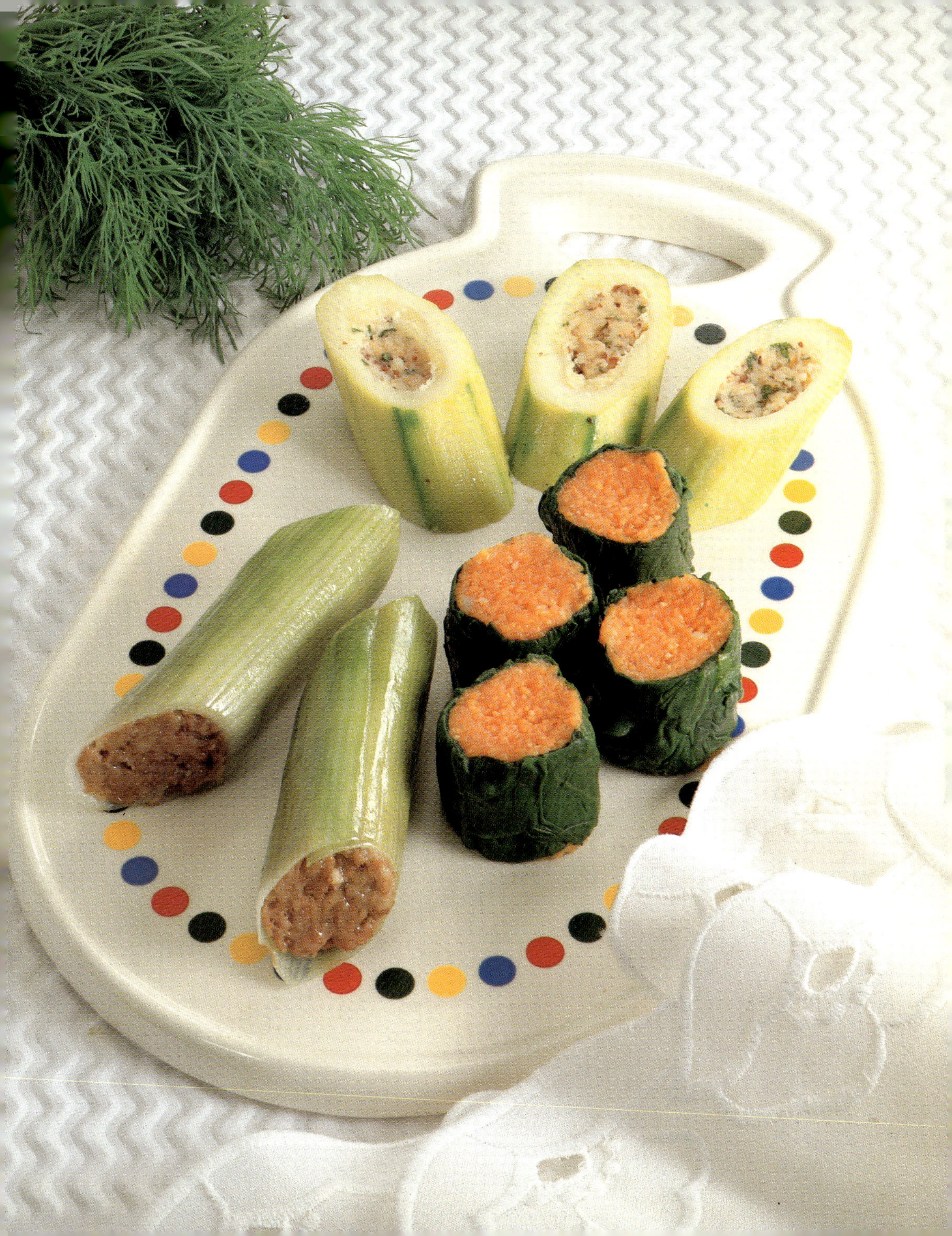

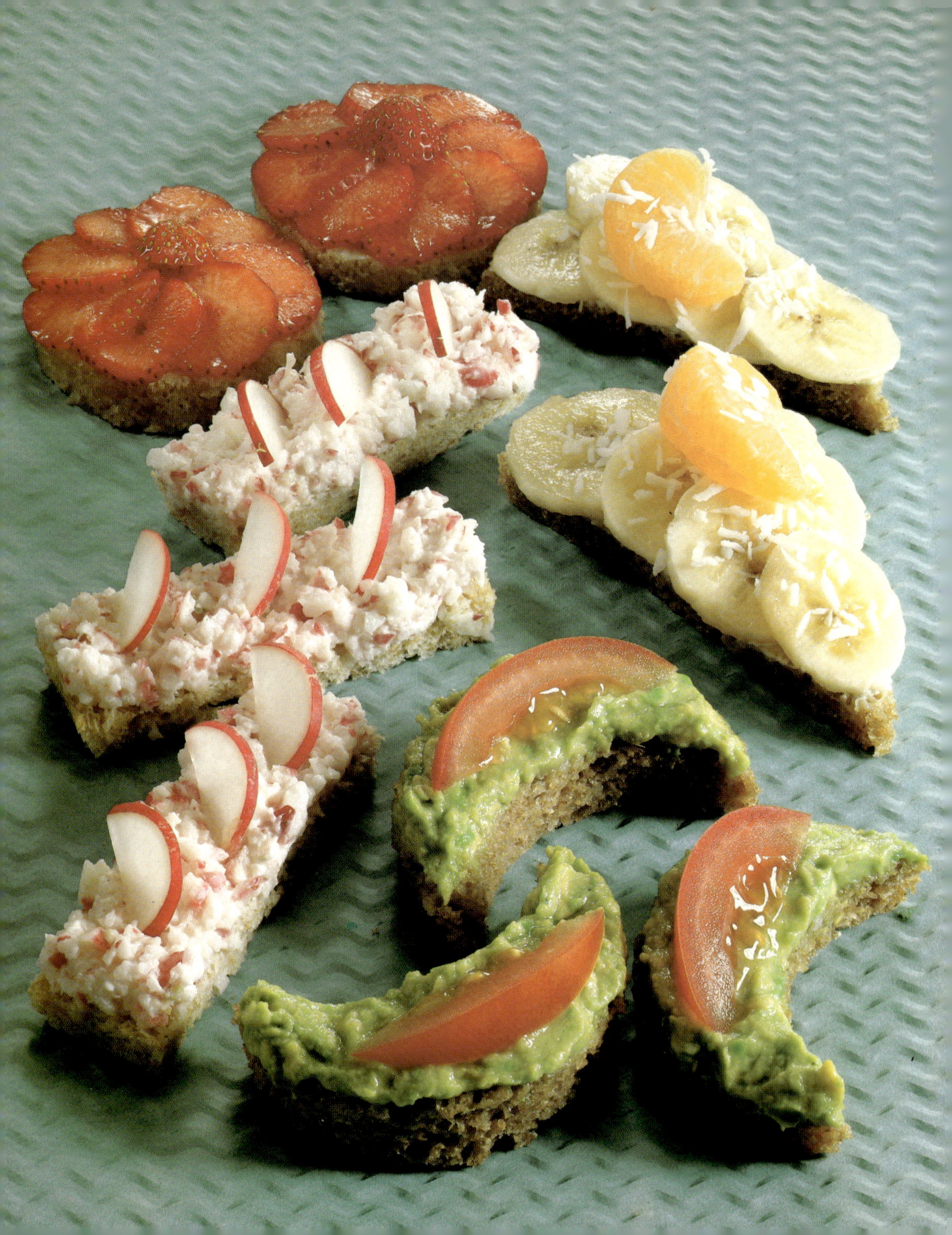

La alimentación desde el octavo mes hasta cumplir un año

Rollitos de puerro
(A partir del décimo mes)
Foto página 63

Ingredientes para 2 porciones:
3 cucharadas de leche - 30 g de copos de avena
2 puerros delgados - 40 g de carne de novillo picada - Unas gotas de salsa de soja - 40 g de requesón descremado - 1 cucharadita de aceite de semillas
Aproximadamente 1300 kJ/310 kcal
22 g de proteínas - 11 g de grasa - 29 g de hidratos de carbono

- Tiempo de preparación: 20 minutos.
- Tiempo de cocción: 20 minutos.

Sugerencia:
Cortar los puerros sobrantes en tiras y hacerlos con 1 cucharadita de mantequilla unos 10 minutos hasta que estén tiernos.
Los canapés se preparan rápidamente y proporcionan al niño nutrientes muy importantes. Si no consigue fácilmente pan integral puede prepararlos con tostadas integrales. Estas también les gustan a los niños que no quieren masticar y contienen las mismas sustancias nutritivas que el pan.

Se prepara así: Calentar la leche en un cazo, retirar del fuego y añadir los copos de avena dejando que reposen. Limpiar los puerros y lavarlos eliminando bien la tierra. Cortar la parte blanca a la larga en trozos de 10 cm, colocar uno sobre otro para formar un rollo. Formar 6 iguales. Mezclar los copos de avena con la carne, la salsa de soja y el requesón y rellenar los rollitos. Sujetar alrededor con hilo. Engrasar un trozo grande de papel de aluminio, colocar encima los rollitos y envolverlos bien. Poner agua en una cazuela hasta que el fondo tenga 1 cm aproximadamente, colocar el paquete y dejar que se haga 20 minutos a fuego medio. Cortarlos en trocitos pequeños y servirlos calientes o templados.

Canapés de plátano
(A partir del décimo mes)
Foto página 64

Ingredientes para 1 porción:
1 rebanada de pan integral - 1 cucharada de crema fresca - 1/2 plátano - 1 mandarina
1 cucharadita de coco rallado
Aproximadamente 1100 kJ/260 kcal
5 g de proteínas - 8 g de grasa - 40 g de hidratos de carbono

- Tiempo de preparación: 10 minutos.

Se prepara así: Cortar la rebanada en 4 trozos, untar cada trozo con crema fresca y colocar encima rodajas de plátano y gajos de mandarina. Espolvorear con coco rallado.

◁ Con cubierta dulce o ligeramente picante, estos canapés no sólo se preparan rápidamente sino que aportan vitaminas y minerales esenciales para la salud. Recetas en esta página y pág. 66.

La alimentación desde el octavo mes hasta cumplir un año

Canapés de fresas
(A partir del décimo mes)
Foto página 64

Ingredientes para 1 porción:
1 rebanada de pan de centeno - 1 cucharadita de mantequilla - 1 cucharadita de miel - 3 fresas grandes y 1 pequeña
Aproximadamente 820 kJ/200 kcal
4 g de proteínas - 6 g de grasa - 31 g de hidratos de carbono

● Tiempo de preparación: 10 minutos.

Se prepara así: Cortar el pan en forma circular y untarlo con mantequilla y miel. Lavar las fresas y quitar los rabillos. Cortar las grandes en rodajitas a la larga y colocarlas sobre el pan. Poner la fresa pequeña en el centro.

Canapés de rabanitos
(A partir del décimo mes)
Foto página 64

Ingredientes para 1 porción:
1 rebanada de pan integral tierno - 1 cucharadita de mantequilla - 8 rabanitos - 30 g de requesón descremado
Aproximadamente 780 kJ/190 kcal
8 g de proteínas - 6 g de grasa - 23 g de hidratos de carbono

● Tiempo de preparación: 10 minutos.

Se prepara así: Untar el pan con mantequilla y cortarlo en tiras finas. Lavar bien los rabanitos, reservar dos y moler el resto haciendo un puré. Dejar escurrir en un tamiz fino. Mezclar este puré con el requesón y extenderlo sobre los trozos de pan. Adornar con los rabanitos reservados cortados en rodajas finas.

No sólo puede adornar los canapés con rodajas de rabanitos. También puede cortarse en forma de rosa como muestra el dibujo.

Canapés de aguacate y tomate
(A partir del décimo mes)
Foto página 64

Ingredientes para 1 porción:
2 rebanadas de pan integral - 1/45 de aguacate maduro - Unas gotas de zumo de limón
1 tomate
Aproximadamente 950 kJ/230 kcal
5 g de proteínas - 12 g de grasa - 22 g de hidratos de carbono

Se prepara así: Con un vaso cortar en el pan unas medias lunas. Pelar el aguacate, rociarlo con zumo de limón, aplastarlo con un tenedor y extenderlo sobre el pan. Lavar el tomate, cortarlo en gajos y adornar con él los canapés.

Platos conservados de reserva

Disponiendo de un congelador, puede preparar mayores porciones del menú de su hijo y conservarlas para repartirlas luego en varias comidas. Este sistema tiene además otras ventajas:
- Permite aprovechar las ofertas y los productos más frescos.
- Si dispone de un microondas, el descongelamiento es cuestión de unos minutos. Si no, deberá acordarse de sacar la comida del congelador por la mañana.
- Congele las comidas en bolsas especiales que se puedan sellar o cerrar herméticamente y ocupen poco sitio. Para descongelarlas sólo tiene que sumergirlas agua caliente.
- Congelar pequeñas porciones en el molde para cubitos de hielo y guardar luego los cubitos en un recipiente adecuado.

Puré para un mes
(A partir del cuarto mes)

Esta receta corresponde a la de la «primera papilla de verdura» (receta pág. 41). Se reparte en porciones, se llena en bolsas de congelar y se cierra herméticamente. Antes de utilizarlas se calientan en agua caliente y luego se pone el puré en una cazuela; se deja dar un hervor, y ya en el plato se añade 1 cucharada de mantequilla o aceite de semillas. Esta grasa que se añade es muy importante y debe hacerse siempre después de cocida la verdura, de otra manera las vitaminas y los ácidos grasos quedarían destruidos.

Ingredientes para 30 porciones:
1 kg de carne magra de novillo - 1 cucharadita de semillas de hinojo - 1,5 kg de patatas - 3 kg de zanahorias muy tiernas
Por cada porción 530 kJ/130 kcal
9 g de proteínas - 3 g de grasa - 17 g de hidratos de carbono

- Tiempo de preparación: 2 horas.

Se prepara así: Lavar la carne y ponerla en la olla exprés con 1/2 l de agua. Añadir las semillas de hinojo y cocer unos 45 minutos (sin olla exprés 1 1/2 horas aproximadamente). Retirar del fuego y abrir la olla según instrucciones. Mientras lavar las patatas y echarlas en una cazuela sin pelar, añadiendo agua hasta cubrirlas poniéndolas a cocer de 35 a 40 minutos a fuego lento. Lavar las zanahorias, pelarlas y cortarlas en trozos gruesos. Ya cocida la carne, sacarla del caldo. Poner en la olla la mitad de las zanahorias, cocerlas 6 minutos y sacarlas con una espumadera. De esta forma cocer la otra mitad (sin olla sería 30 minutos cada porción). Cortar la carne en trocitos de 2 cm aproximadamente. En un recipiente apropiado poner un poco de carne, zanahorias y un cacillo de caldo y hacer un puré con la batidora. Pelar las patatas aún calientes y pasarlas por un prensa-purés, luego mezclarlas con el puré de carne y zanahorias. Rellenarlo en bolsas de congelar, poniendo de 190-220 g (según la edad y el apetito) y cerrar bien la bolsa. Congelarlo hasta su uso.

- Tiempo de conservación: Hasta 2 meses.

Platos conservados de reserva

Carne para el puré del mediodía
(A partir del cuarto mes)

Ingredientes para 20 porciones:
500 g de filetes de pavo (carne de muslo sin piel ni huesos) - 1 cucharada de aceite - 100 ml de agua
Por cada porción 130 kJ/31 kcal
5 g de proteínas - 1 g de grasa - 0 g de hidratos de carbono

- Tiempo de preparación: 8 minutos.
- Tiempo de cocción: 45 minutos.

Se prepara así: Lavar la carne con agua caliente y secarla con papel de cocina. Poner a hervir el agua con el aceite, añadir la carne y cocerla tapada 45 minutos a fuego lento, luego enfriarla. Molerla con su jugo en la batidora, separarla en porciones de aproximadamente 25 g (en el segundo año unos 35 g) y rellenar con la mezcla una bandeja de cubitos de hielo. Congelarlo. Utilizarlo al gusto.
Conservación: Hasta 2 meses.

Verduras de primavera
(A partir del octavo mes)

Ingredientes para 20 personas:
500 g de zanahorias - 500 g de colinabo - 500 g de coliflor - 500 g de guisantes finos o espárragos - 500 g de calabacines - 2 cucharadas de mantequilla - 1/8 l de agua
Por cada porción 190 kJ/45 kcal
2 g de proteínas - 1 g de grasa - 7 g de hidratos de carbono

- Tiempo de preparación: 1 hora.
- Tiempo de cocción: 30 minutos.

Se prepara así: Lavar bien las verduras. Pelar las zanahorias; pelar el colinabo, separar las hojitas más tiernas y picarlas. Separar la coliflor en tronchitos. Lilmpiar los guisantes y desgranarlos; pelar los espárragos y los calabacines. Rallar en forma gruesa las zanahorias y el colinabo, cortar los espárragos en trozos de 1 cm y los calabacines en dados pequeños. Derretir la mantequilla en una cazuela grande, añadir el agua, luego la coliflor, los guisantes, las verduras ralladas y finalmente los calabacines. Cocer a fuego medio 30 minutos. Remover de vez en cuando para que cueza toda la verdura ya cocida en bolsitas de congelar, de 100-150 g (según la edad del niño), cerrar bien, dejar enfriar y congelarlas. Para utilizarlas descongelarlas, ponerlas en una cazuela y mezclar la verdura con 80 g de patatas cocidas con piel, una porción de carne (receta en esta página) o una yema de huevo.
Conservación: Hasta 3 meses.

Platos conservados de reserva

Puré de fresas y plátanos
(A partir del sexto mes)

Este puré de frutas está pensado para utilizarlo como postre al mediodía o para guarnición de yogur o leche cuajada.

Ingredientes para 20 porciones:
1 plátano grande - 200 g de fresas - 1/2 naranja
Por cada porción 46 kJ/11 kcal
0 g de proteínas - 0 g de grasa - 2 g de hidratos de carbono

- Tiempo de preparación: 10 minutos.

Se prepara así: Pelar el plátano, lavar las fresas quitando el rabillo y ponerlas en un recipiente con el plátano. Agregar el zumo de la naranja y hacer con todo un puré. Rellenarlo en la fuente de los cubitos de hielo y congelarlo. Utilizar al gusto.
Conservación: Hasta 2 meses.

Puré de hígado
(A partir del cuarto mes)

Por lo menos cada dos semanas debe comer el niño un poco de hígado para tener en condiciones sus reservas de hierro. Mezcle el hígado con el puré de verdura en lugar de la carne o la yema de huevo.

Ingredientes para 6 porciones:
200 g de hígado de pavo - 1 cucharadita de aceite
Por cada porción: 230 kJ/55 kcal
7 g de proteínas - 3 g de grasa - 0 g de hidratos de carbono

- Tiempo de preparación: 10 minutos.
- Tiempo de horneado: 40 minutos.

Se prepara así: Calentar el horno a 180º. Limpiar el hígado de pieles y grasa, lavarlo y secarlo con papel de cocina. Engrasar con el aceite una fuente de horno y colocar encima el hígado, tapar con papel de aluminio y hacer al horno (centro) unos 40 minutos. Dejar enfriar en la misma fuente. Aunque dentro esté el hígado ligeramente rosado, está en su punto. Hacerlo puré junto con el jugo. Repartirlo en seis cubiteras de hielo y congelarlo. Ya congelado meter los cubitos en una bolsita de plástico y usarlo al gusto.
Conservación: Hasta 2 meses.

Preparar grandes cantidades de una vez y congelarlas por separado es práctico y ahorra mucho tiempo. Los purés de fruta o carne congelados en la bandeja de preparar cubitos de hielo se pasan luego a latas o bolsas de congelar. De esta manera pueden utilizarse los cubitos que se deseen, ya que se sacan más fácilmente.

Bebidas

Zumo de zanahoria
(A partir de la sexta semana)

Ingredientes para 200 ml de zumo:
600 g de zanahorias - 1/2 cucharadita de aceite de semillas
Contiene en total 765 kJ/175 kcal
4 g de proteínas - 2 g de grasa - 35 g de hidratos de carbono

- Tiempo de preparación: 30 minutos

Se prepara así: Limpiar las zanahorias, lavarlas y pelarlas. Pasarlas por una licuadora. Mezclar el zumo con el aceite y rellenarlo en la bandeja de los cubitos de hielo. si no tiene licuadora se muelen a mano y se pasan por un tamiz fino. Conservación: Hasta 6 semanas.

Zumo suave de uva
(A partir de la sexta semana)

Puede conservarse y congelarse. Antes de tomarlo debe aclararse con un poco de agua.

Ingredientes para 200 ml de zumo:
400 g de uvas blancas (o bayas o fruta con hueso)
Contiene en total 1065 kJ/255 kcal
2 g de proteínas - 1 g de grasa - 59 g de hidratos de carbono

- Tiempo de preparación: 5 minutos.
- Tiempo de cocción: Unos 12 minutos en la olla exprés.

Se prepara así: Lavar las uvas, cortarlas a la mitad y ponerlas en la cestita de la olla exprés. Poner un poco de agua en la olla y cocerlas 12 minutos hasta que suelten el jugo (Ver información exacta en las instrucciones de la olla).

Té estomacal
(A partir del primer día)

Ingredientes para un biberón pequeño:
1/2 cucharadita de semilla de hinojo - 1 trocito de regaliz

- Tiempo de preparación: 15 minutos.

Se prepara así: Machacar el hinojo en un mortero y ponerlo con el regaliz en una jarrita reservada solamente para el bebé (preferentemente de cristal). Hervir 1/8 l de agua (pág. 23) durante 2 minutos y verterla sobre el té. Pasados 10 minutos de reposo colarlo y llenar el biberón.

Té tranquilizante
(A partir del primer mes)

Ingredientes para un biberón pequeño:
1 pizca de granitos de anís - 1 cucharadita de hojas secas de melisa - 1 trocito de regaliz

- Tiempo de preparación: 15 minutos.

Se prepara así: Machacar el anís en un mortero, ponerlos en una jarrita con la melisa y el regaliz. Hervir 1/8 l de agua (pág. 23) durante 2 minutos y verterla sobre el té. Pasados 10 minutos de reposo colarlo y llenar el biberón.

Índice de recetas e índice de materias

Índice de recetas

Arroz con cerezas 50
 —con zanahorias y carne de gallina 54

Biscotes con leche y puré de zanahorias 48

Calabacines rellenos 62, foto 63
Canapés 65
 —de aguacate y tomate, 66, foto 64
 —de fresas 66, foto 64
 —de plátano 65, foto 64
 —de rabanitos 66, foto 64
Carne para el puré del mediodía 68
Colinabo con patatas 53
Compota de uvas 57
Copos mixtos 56
Cortaditos de sémola 55
Crema de plátano y naranja 57

Filestes de pollo con Risi-Bisi 61
Flan de espinacas con crema de leche 42, foto cubierta 2

Gulash con pasta y ensalada-Lechuga con pasta y carne, 59, foto 46

Huevo al nido 41, foto de la cubierta

Leche adaptada, la primera 37, foto 35

Nata con fresas 58

Papilla de arroz con zumo de frambuesa para el biberón 47
 —de avena con manzana 48
 —de cereales con fruta 49
 —de chocolate y sémola 55
 —de leche 43
 —de leche entera para el biberón, la primera 4
 —de melocotón sin hervir 50
 —de müsli para tomar con cuchara 55
 —de plátano 50
 —de sémola con uvas para tomar con cuchara 47
 —de 7 cereales con mandarinas 50
 —de verduras, la primera 40, foto 17
 —integral 48
 —rápida de cereales y fruta 49, foto 45
 —suave de espinacas 42
Patatas con requesón 59
 —y coliflor a la crema 53
Pavo con calabacines 58
Platos a base de verduras 53
Postre 56
Postres dulces a base de leche 54
Puré con hojitas de coles de Bruselas 54
 —de fresas y plátanos 69
 —de hígado 69
 —de hinojo 43
 —para un mes 67
 —suave de patata con tomates frescos 43
Puding de arroz 55, foto cubierta 3
 —de zanahoria y naranja 56, foto 18

Ranitas de espinacas 62, foto 63
Rollitos de puerro 65, foto 63

Sopa de fideos 60

Té estomacal 70

Verduras de primavera 68
Verdura y arroz con hígado 60

Yogur con frutas 58

Zumo de zanahoria 70
 —suave de uva 70
 —y frutas 51

Índice de materias

Aceite de semillas 10
Aceites prensados en frío
 —vegetales 11
Ácido ascórbico
 —fólico 12
 —oxálico 28
Ácidos grasos no saturados 10
Aditivos 23
Agua potable 23
Alimentación a base de soja 22
 —complementaria 8, 39
 —infantil 8
 —regulada 38
Alimentos conservados como reserva 31
 —industriales para bebés 31
 —infantiles 40
 —sin leche de vaca para recién nacidos 27
Aparato digestivo 25
Aumento de peso 9, 20
Azúcar 10
 —de caña granulada 10

Batidora 29
 —de mano 29
Bencipirenos 29
Brotina 12

Cadmio 28
Calcio 13, 22
Calostro 32
Carne 11
Celiaquia 27
Cereales 10, 11
—, azúcar y leche, tipos de 37
Cloro 13
Cobre 14
Cólicos a los tres meses 26
Comportamiento en las comidas 15, 38
Contaminación radiactiva 24
Copos de arroz 37
 —instantáneos 48
Crecimiento 9
Curvas de evolución de peso 9

Deposición dura 25
Desarrollo del peso, curvas de evolución 9
Diarrea 12, 25
Dolor de barriga 25

Energías 9
Eructo 38
Esterilización de los biberones 30
Esquema alimentario 8
Evolución del peso 9

Fibras 22
Fiebre 12, 26
Flúor 14
Fluocloruro 14
Formación de la leche 32
Fósforo 13
Fruta 10

Índice de recetas e índice de materias

Gluten 27
Grasas 10, 11

Hidratos de carbono 10
Hierro 14, 22, 28
Hígado 6
Huevo 11

Irritaciones 21

Lactosa 10
Leche 11
—adaptada 7, 33
—de almendras 37
—de soja 7, 13, 33
—de soja para bebés 26
—de vaca, tolerancia de la
—materna 6, 8, 10, 22, 32
—para bebés preparada en casa 12
—preparada 33
—, temperatura de la (consejo) 34
Licuadora 30
Líquidos 12
Lista de ingredientes 24

Mantequilla 10, 11
Mercurio 28
Metales pesados 12, 28
Miel 7
Mucosa intestinal 6

Nervios gustativos 28
Niacina 12
Nitrato 23, 28
—en el agua potable 12, 23
Nitrito 23, 29
Nitrosaminas 29

Papilla de cereales de leche entera 43
—de cereales y fruta sin leche 39
—de fruta y cereales 48
—de leche 16, 39
—de verduras con carne 39
—de verdura, la primera
—instantánea 7
Papillas 8, 39
Pasapurés 29
Patatas 11
Peso 9, 20

Plomo 28
Potasio 13
Productos cereales sin gluten 37, 48
—industriales, ¿sí o no?
—lácteos 11
—químicos nocivos 22, 28
Proteínas 11

Raquitismo 13, 22
Reacción de rechazo 26
Reflejo de succión 16
Relación madre-hijo 15
Reserva de alimentos 31
Retención de la leche 32
Retinol 13
Riñones 6, 12

Saciedad 8, 20
Sal 29
—común 13
Sales minerales 13, 14, 22
Salmuera 29
Sensación de hambre 8
Sensibilización 26, 34
Sentido del gusto 8, 10
Sobrealimentación 20
Sodio 13, 23
Solanina 28
Sustancias químicas nocivas 22

Toma de la noche, la 16
Tomas de pecho 15
—regulares 38

Utensilios 29

Valor biológico 11
Vegetariano, régimen 12, 22
Verduras 10
Vitamina A 13
Vitamina B 12
Vitamina B_1 12
Bitamina B_6 12
Vitamina B 12, falta de 12
Vitamina C 12, 14
Vitamina D 13, 22
Vitamina E 13
Vitaminas 12
—hidrosolubles 10, 13

—liposolubles 10, 13
Vómitos 12, 24

Los postres dulces de leche son unas de las cenas preferidas por los niños. Este budín de arroz se prepara con puré de plátano; ahorra el azúcar y le da al postre un sabor suave y afrutado. Receta pág. 54.